I0068522

DES DÉLITS

ET

DES QUASI-DÉLITS.

DISSERTATION

POUR

LE DOCTORAT,

Présentée à la Faculté de Droit de Toulouse,

CONFORMÉMENT A L'ARTICLE 1er DE L'ARRÊTÉ DU 5 DÉCEMBRE 1830,

PAR

M. Charles de LAURENS,

Avocat,

NÉ A LILLE (NORD).

TOULOUSE,

IMPRIMERIE DE A. CHAUVIN ET COMP.,

RUE MIREPOIX, 3.

1851.

DES DÉLITS

ET

DES QUASI - DÉLITS.

DISSERTATION

POUR

LE DOCTORAT,

Présentée à la Faculté de Droit de Toulouse,

CONFORMÉMENT A L'ARTICLE 1er DE L'ARRÊTÉ DU 5 DÉCEMBRE 1850,

PAR

M. Charles de LAURENS,

Avocat,

NÉ A LILLE (NORD).

TOULOUSE,

IMPRIMERIE DE A. CHAUVIN ET COMP.,

RUE MIREPOIX, 3.

—

1851.

A la mémoire de ma Mère et de mon Frère.

A MON PÈRE.

A MES PARENTS.

A MES AMIS.

INTRODUCTION.

Des sources de l'imputabilité.

L'homme est doué de deux magnifiques facultés, qui font de lui l'être privilégié de la création : l'intelligence et la liberté.

L'intelligence lui découvre un Dieu dans le spectacle sublime de l'univers; lui révèle une vie nouvelle dans la brièveté de ses joies, le nombre de ses douleurs et l'infini de ses désirs; l'élève à la connaissance des lois que Dieu a gravées dans son cœur, et lui permet de distinguer le juste de l'injuste.

La liberté le laisse maître absolu de ses actions; maître de choisir entre le bien et le mal; maître d'adopter la ligne de conduite que l'intelligence lui trace et lui dit être en harmonie avec l'excellence de

sa fin ; maître de céder à l'entraînement de ses passions et de compromettre ainsi son céleste avenir.

Mais si l'homme conçoit le bien, il doit y tendre
de toute l'énergie de son âme. S'il est libre de l'accomplir, il est coupable dès qu'il ne l'accomplit pas. L'intelligence et la liberté dont il jouit sont donc les causes
de sa responsabilité devant la société et devant Dieu.

Je ne veux d'autre preuve de la responsabilité de
l'homme devant Dieu, que les sentiments de son propre cœur.

S'il suit l'étroit sentier du juste, que d'aspérités
n'aura-t-il pas à franchir, il est vrai, tout le long du
chemin ! que de luttes à soutenir contre ses passions,
de préjugés à vaincre, de mépris à supporter de la
part du monde ! Mais aussi que de calme et de séré-
nité dans son âme ! que sa joie sera douce quand il
songera au généreux usage de sa liberté !

S'il préfère la grande voie du mal ; si, n'élevant
jamais sa pensée vers le ciel, il place tout son bon-
heur sur la terre, et pour se procurer les jouissances
dont il est avide il ne recule même pas devant le
crime, la route, si pleine au début d'illusions et d'eni-
vrements perfides, bordée peut-être encore au milieu
de quelques fleurs, lui réserve d'étranges terreurs à
son terme. Oh ! alors, plus de repos pour lui. L'in-
quiétude et l'agitation le suivront partout. Partout sa

conscience, compagne inexorable, lui criera qu'il était
libre de ne pas s'engager dans la funeste voie qu'il a
parcourue jusqu'au bout, malgré ses salutaires avertis-
sements, et que Dieu lui demandera un compte terrible d'une vie qui n'aura été qu'une longue violation
de sa loi !

Sa responsabilité devant Dieu est infinie : elle embrasse chacune de ses actions, chacune de ses pensées
même les plus secrètes.

Sa responsabilité devant la société n'est qu'une faible partie de sa responsabilité devant Dieu. Lorsque
la société impose à l'un de ses membres l'obligation
de réparer le dommage qu'il a causé, lorsqu'elle lui
inflige un châtiment, c'est sans aucun doute parce
qu'il a violé la loi morale et méconnu la distinction
du juste et de l'injuste, mais aussi parce qu'il a porté
le trouble et l'effroi dans son sein. La société punit
encore certains actes qui ne sont pas répréhensibles en
eux-mêmes, que la conscience ne désavoue pas, mais
où la réflexion de la sécurité, qui doit exister dans les
rapports des hommes entre eux, fait voir de graves
atteintes à l'ordre public. En dehors de cette sphère
d'actions, la société est désarmée. Elle n'a aucun droit
sur les pensées de l'homme, aucune loi pour l'obliger à remplir envers ses semblables ces devoirs de
bienveillance et de charité, si méritoires aux yeux de
celui qui est venu les enseigner à la terre; aucune
peine pour toutes les autres infractions aux préceptes

divins gravés dans son cœur, et dont l'accomplisse
ment est pour elle le meilleur gage de stabilité, puisque l'homme y trouve la force nécessaire pour triompher de ses mauvais penchants, le contentement de
son état, et dans la plus grande pauvreté même
le respect de la propriété d'autrui. L'imputabilité juri-
dique a donc, suivant l'expression si juste de Ben-
tham, le même centre que l'imputabilité morale, mais
non la même circonférence.

DES DÉLITS

ET DES

QUASI-DÉLITS.

NOTIONS GÉNÉRALES.

Tous les faits dommageables de l'homme sont rangés par le Code civil dans les deux grandes classes
des délits et des quasi-délits. Préjudiciables et illicites,
c'est-à-dire contraires au droit, les délits et les quasi-
délits ont entre eux cependant une différence essen-
tielle : les délits sont toujours accompagnés de l'intention de nuire, tandis que les quasi-délits en sont au
contraire toujours dépourvus.

Cette profonde ligne de démarcation qui sépare les
délits des quasi-délits existait sous notre ancien droit.
Pothier définissait le délit : *Le fait par lequel une personne, par dol ou malignité, cause du dommage ou
quelque tort à une autre*, et le quasi-délit : *Le fait par
lequel une personne, sans malignité, mais par une im--*

prudence qui n'est pas excusable, cause quelque tort à une autre.

Si nous remontons jusqu'au droit romain, nous ne pouvons d'abord nous empêcher d'être surpris de rencontrer parmi les délits des faits accomplis sans aucune mauvaise intention, et parmi les quasi-délits des faits autres que ceux qui proviennent de la négligence ou de l'imprudence, des faits qui présentent tous les caractères des délits de notre droit. Mais notre étonnement se dissipe, si nous songeons que le droit romain a suivi sans doute la même gradation dans les délits que dans les contrats, gradation du reste si conforme à la marche de la civilisation.

A l'origine de Rome, il fallait, pour créer des obligations valables, employer les formes grossières et symboliques dont on se servait pour transférer le domaine quiritaire ; mais à mesure que l'intelligence du peuple se développait et que ses mœurs s'adoucissaient, apparaissait une nouvelle manière de contracter : signe certain du progrès qui s'opérait dans son sein. C'est ainsi que les paroles sacramentelles, que l'écriture et que le consentement, mais dans quatre cas seulement, vinrent successivement donner naissance aux contrats.

Toutefois, malgré les tentatives des préteurs et des empereurs qui s'efforcèrent d'augmenter le nombre des contrats, en munissant certains pactes d'une action, le droit romain ne put complètement se dépouiller de ses formes primitives, et le consentement suffisant aujourd'hui pour engendrer tous les contrats,

y demeura impuissant pour former seul d'autres contrats que ceux du droit des gens.

Cette marche lente et progressive du droit romain
dans les contrats est la même dans les délits. Pour
qu'un fait, quelque nuisible qu'il soit, puisse engendrer des obligations et soit un délit, il faut que l'ancien
droit civil l'ait spécialement prévu, et en même temps
ait pris soin de lui donner une action. Ce n'est donc
pas l'intention de nuire qui constitue le délit en droit
romain : elle n'est pas moins impuissante pour créer
les délits que le consentement pour créer les contrats.

Les *Institutes* de Justinien ne nous offrent de délits
privés que dans les quatre titres relatifs au *furtum*, à
la *rapina*, au *damnum injuriâ factum* et à *l'injuria*.
Ajoutons-en quelques autres dérivant de la loi des
Douze-Tables ou de quelque autre loi, et nous aurons
la nomenclature complète des délits en droit romain.
Tous les autres faits préjudiciables et illicites, dans
lesquels même se remarque l'intention de nuire, sont
rangés hors de la classe des délits et compris au titre
des obligations qui naissent comme d'un délit. Mais l'intention de nuire a acquis aujourd'hui la même puissance que le consentement : elle suffit pour transfor-
mer en délit tout fait dommageable.

Le mot de délit est pris dans notre Code civil dans
un sens général : il embrasse les crimes, les délits
et les contraventions intentionnelles de l'art. 1er du
Code pénal.

Cet article, qui classe nos actions répréhensibles,
non d'après leur immoralité, mais d'après l'étendue

de la peine infligée à leurs auteurs, a soulevé le
reproches de plusieurs publicistes distingués, surtou
ceux de l'infortuné M. Rossi, qui est allé jusqu'à prétendre qu'un pareil article donnait à lui seul une juste
idée de ce que devait être le Code entier. Nous n'exa-
minerons pas si ces reproches sont exagérés, nous
dirons seulement que la division de l'art. 1er du Code
pénal rachète, par les avantages qu'elle présente dans
la pratique, ce qu'elle peut avoir d'étrange et de
bizarre au premier aspect. Son plus grand inconvé-
nient, à mes yeux, est d'employer le mot de *délit*
dans un sens spécial et restreint, tandis que ce mot
a, par sa nature, le sens le plus étendu. Pourquoi le
législateur, imitant dans le Code pénal ce qu'il avait
déjà fait dans le Code civil, n'a-t-il pas rangé nos
actions punissables en deux grandes classes, comprenant dans l'une toutes celles qui émanent d'une volonté
coupable, et dans l'autre toutes celles qui ne sont que
des infractions matérielles aux prescriptions ou aux
inhibitions de la loi? Il aurait pu après distinguer
deux degrés dans la première classe, et reconnaître,
comme les anciens criminalistes, deux sortes de délits :
les délits graves et légers. Cette classification, la seule
qui soit fondée, emploierait le mot de *délit* dans le
même sens que le Code civil, ce qui serait d'un grand
avantage, puisque les crimes et les délits du droit
pénal sont généralement des délits du droit civil, et
les délits du droit civil, des crimes ou des délits du
droit pénal.

Les quasi-délits sont la plupart des contraventions

du droit pénal. Leur nombre est toutefois beaucoup plus étendu, puisque tout fait préjudiciable n'a besoin, pour être un quasi-délit, d'aucune incrimination.

Lorsque les délits et les quasi-délits sont incriminés par la loi pénale, ils donnent lieu à deux actions. L'une, appelée action civile, a pour but d'obtenir la réparation du dommage causé; l'autre, appelée action publique, tend à l'application de la peine. L'action civile peut être exercée par tous ceux qui ont souffert du dommage; l'action publique n'appartient qu'aux fonctionnaires auxquels elle est confiée par la loi (Inst. crim., art. 1). Toutes deux peuvent être poursuivies en même temps et devant les mêmes juges; elles peuvent l'être aussi séparément. Dans ce cas, l'exercice de l'action civile est suspendu tant qu'il n'a pas été prononcé définitivement sur l'action publique intentée avant ou pendant la poursuite de l'action civile (Inst. crim., art. 3).

Mais l'homme n'est pas seulement responsable du dommage résultant de son dol ou de son imprudence, la loi lui impose aussi l'obligation de réparer le dommage causé par le fait des personnes ou des choses qu'il a sous sa garde (1384).

Notre thèse se composera donc de deux chapitres.

Dans le premier, nous traiterons de la responsabilité de notre propre fait ou de nos fautes personnelles.

Dans le second, de la responsabilité du fait des personnes ou des choses qui sont sous notre surveillance.

CHAPITRE PREMIER.

De la responsabilité de notre fait ou de nos fautes personnelles.

SECTION Ire.

*Etendue de l'art. 1382. — Inutilité de l'art. 1383. —
Examen des divers cas où il n'y a pas de faute.*

Le législateur qui veut fonder une œuvre durable,
doit la baser sur les notions éternelles de la justice
et de la vérité. Les rédacteurs de notre Code civil
l'ont compris, en sanctionnant dans les art. 1382 et
1383 ce précepte sublime de morale naturelle et
divine : *Ne fais pas à autrui ce que tu ne voudrais pas
que l'on fît à toi-même.*

En effet, l'art. 1382 porte que : « tout fait quelconque de l'homme qui cause à autrui un dommage,
oblige celui par la faute duquel il est arrivé à le
réparer. »

Et l'art. 1383 que : « chacun est responsable du dommage qu'il a causé, non-seulement par son fait, mais
encore par sa négligence et son imprudence. »

L'art. 1382 embrasse, selon nous, toutes les obligations que la loi fait naître sans convention des délits
et des quasi-délits. Sous ces expressions si générales :
tout fait quelconque de l'homme, se groupent tous les
faits dommageables et répréhensibles, faits de commission ou d'omission, faits dépourvus de l'intention

de nuire, faits dans lesquels au contraire se rencontre cette intention, faits incriminés par la loi pénale, faits non incriminés par la loi pénale, ne constituant que de simples délits ou quasi-délits du droit civil.

Selon quelques auteurs, l'art. 1382 serait spécial aux faits commis avec l'intention de nuire, aux délits, et l'art. 1383 aux faits commis sans intention de nuire, aux quasi-délits. Pour que cette opinion fût admissible, il faudrait que l'art. 1383 fût rédigé différemment; il faudrait qu'il portât que : « Chacun est responsable du dommage qu'il a causé, non-seulement par sa faute, mais encore par sa négligence et son imprudence. » La faute ainsi opposée à l'imprudence et à la négligence, aurait le sens de *faute lourde, de dol;* mais l'art. 1383, au lieu de se servir du mot *faute*, se sert du mot *fait*, qui comprend aussi bien l'acte commis sans intention coupable que l'acte commis avec cette intention.

Voici quelle a dû être la pensée des rédacteurs du Code civil : ils ont voulu opposer le *fait* proprement dit à l'*omission*, appliquant l'art. 1382 aux délits et quasi-délits consistant en un fait positif, et l'art. 1383 aux délits et quasi-délits consistant en un fait négatif, en une simple abstention; mais il peut y avoir imprudence dans un fait de commission, comme dans une omission, ce qui a lieu dans l'homicide par imprudence. L'opposition du fait à l'imprudence n'est donc pas exacte, et l'art. 1383 n'est dès-lors qu'un exemple inutile, un développement imparfait de l'art. 1382; nous pouvons sans danger le laisser entièrement de côté

Pour que nous soyons tenus de réparer le dommage que nous avons causé, il faut que le dommage soit arrivé par notre faute, qu'il puisse nous être imputé. Recherchons donc les cas où nous sommes en faute et les cas où nous n'y sommes pas.

Un premier point reconnu comme bien constant par tout le monde, c'est que nous ne commettons aucune faute, que notre responsabilité ne peut être engagée, lorsque l'acte que nous accomplissons, quelque préjudiciable qu'on le suppose pour autrui, ne dépasse pas les limites de notre droit. *Nemo dolo videtur facere qui suo jure utitur* (L. 55, ff. de r. j.), *icelui n'attente qui n'use que de son droit,* disait la coutume de Bretagne.

Ainsi, j'élève un mur sur mon terrain en face de votre maison, mais en ayant soin d'observer la distance prescrite par la loi. L'élévation de ce mur va vous causer un grave préjudice, tout au moins un grand désagrément, puisqu'il masque votre maison. Cependant, je ne serai tenu de vous payer aucune indemnité pour la vue dont je vous prive, car je n'ai commis ni délit ni quasi-délit, j'ai usé seulement de mon droit de propriété.

Ainsi, je détourne une source prenant naissance dans mon fonds, dont les eaux depuis un temps très-reculé arrosent vos propriétés, et que vous avez réunies dans un canal pour alimenter un moulin situé plus bas. Vainement vous prétendrez obtenir de moi des dommages-intérêts pour la sécheresse de vos terres, pour la ruine de votre moulin : j'ai fait un nouvel usage du même droit de propriété.

Nous ne commettons encore aucune faute, quand l'accomplissement de l'acte dont nous nous abstenons ne nous est pas commandé par la loi positive. Pierre se trouve près d'une maison où il aperçoit un commencement d'incendie. Quelques seaux d'eau jetés par lui suffiraient pour éteindre les flammes naissantes et soustraire toute une famille à la désolation et à la misère. Il regarde d'un œil indifférent, puis il passe. Le feu a bientôt dévoré entièrement la maison, et le malheureux propriétaire ne trouve à son retour que des ruines encore fumantes. Pourra-t-il rendre Pierre responsable de cette perte cruelle? Sans doute, ce dernier eût fait une action généreuse en s'arrêtant et en luttant contre les flammes, mais aucun texte de loi ne lui en imposait l'obligation. La dureté de son cœur est à l'abri sous le silence du Code. Le mépris public sera son seul châtiment. Toullier est d'un avis contraire au nôtre; mais il commet une erreur que les autorités qu'il invoque, le droit romain, le Code prussien et un fragment de Domat, font encore mieux ressortir. La loi romaine (Lois 44 et 45, ff. *ad leg. Aquil.*, 9. 2) déclare en effet que le *maître* est tenu du délit qu'il a laissé commettre *par son esclave*, alors qu'il eût pu l'empêcher; le Code prussien dit : « Celui qui souffre sciemment ce qu'il pouvait et *devait* empêcher. » Et Domat enseigne que : « Ceux qui, pouvant » empêcher un dommage que quelque *devoir* les enga- » geait de prévenir, y auront manqué, pourront en être » tenus suivant les circonstances. Ainsi, dit-il, un maître » qui voit et souffre le dommage que fait son domes-

» tique, pouvant l'on empêcher, en est responsable
» (Domat, *des Lois civiles*, liv. II, t. 8, sect. 4, n° 8). »

Tenons donc pour certain que, de même que le fait
positif n'oblige que lorsqu'il est l'accomplissement
d'une *chose défendue par la loi*, de même le fait négatif
ne peut obliger que quand il est l'abstention d'une
chose ordonnée par la loi.

Enfin, nous ne verrions non plus aucune faute
dans la conduite de celui qui laisserait détériorer,
périr même, une chose qu'il a recueillie dans la succession de son père, et qu'il a tout sujet de croire
appartenir à son père. Le véritable propriétaire qui,
plus tard, réclamerait cette chose, ne pourrait exiger
de lui aucune réparation, car il n'a commis aucune
faute, en laissant détériorer ou périr une chose qu'il
croyait sienne. *Quia qui quasi rem suam neglexit, nulli
querelæ subjectus est*.

L'enfance, les maladies, les luttes de l'ambition
et les angoisses de la vie, sont autant de causes de la
faiblesse et de l'affaissement complet ou momentané
de l'intelligence. Il est en outre des cas où une contrainte invincible subjugue la volonté; des positions si
périlleuses, que l'âme la plus fortement trempée court
grand risque de succomber.

Poursuivons l'étude de la question qui nous occupe,
en examinant si, dans ces différents états qui consti-
tuent les faits justificatifs, les excuses et les circonstances atténuantes du droit pénal, l'homme se trouve
encore soumis à la règle de l'art. 1382 du Code civil.

L'homme porte avec lui en naissant le germe de

toutes ses facultés ; mais le temps et l'éducation peuvent seuls les développer. Son intelligence, qui s'éveille à peine dans les premières années, fait ensuite chaque jour de plus rapides progrès et arrive enfin à saisir les rapports des choses entre elles, à connaître les grandes lois qui régissent le monde et à pénétrer le mystérieux problème de la vie.

Ces fameux jurisconsultes romains, que guida toujours une philosophie si éclairée, comprirent que l'enfance devait être irresponsable. Une de leurs plus belles lois disait : *Infans vel furiosus, si hominem occiderint lege Corneliâ non tenentur, cùm alterum concilii innocentia tuetur, alterum fati infelicitas excusat* (L. 12, ff. ad leg. Corneliam de sicariis*, lib. 48, tit. 8).

Notre ancienne jurisprudence, reflétant le matérialisme grossier de son temps, que sut cependant éviter la haute raison de Pothier, ordonnait dans tous les cas la réparation du dommage causé, mais elle faisait une exception à sa règle en faveur de l'enfance.

Les rédacteurs du Code pénal, suivant dans l'art. 66 la marche qui leur était tracée par la législation romaine et par notre ancienne jurisprudence, ont créé en faveur du mineur de seize ans, qui s'est rendu coupable d'un crime ou d'un délit, une présomption d'innocence qui ne s'efface que lorsqu'il a été décidé qu'il a agi avec discernement, qu'il a compris l'immoralité de sa conduite. Dans ce cas même, cependant, la loi a égard à sa jeunesse, en faisant fléchir d'une manière sensible la sévérité du châtiment. Mais pendant la première période de la vie, la présomption

2

d'innocence domine sans partage; elle s'affaiblit ensuite, et vient un moment que notre législateur n'a pas déterminé comme les législateurs voisins, qu'il laisse dèslors aux juges le soin de fixer, où la présomption d'innocence s'amoindrit assez pour que la question de discernement doive être posée et sérieusement examinée. Dans cette première période de la vie, l'homme n'est responsable d'aucun de ses actes. Il est également à l'abri de la vindicte publique et des poursuites de l'intérêt privé. Les crimes qu'il commet, les dommages qu'il occasionne, sont assimilés aux effets du hasard. Mais dans tout le temps qui s'écoule depuis l'époque où ses actes commencent à mériter un examen approfondi jusqu'à l'âge de seize ans, quoique la présomption d'innocence continue à le protéger, nous le condamnerons à réparer le préjudice qu'il aura causé à autrui. Que la vindicte publique demeure suspendue, quand il s'agit de flétrir une vie qui commence, d'infliger une peine à celui dont la raison n'était peut-être pas encore assez formée pour bien mesurer toute la perversité de son action, nous le comprenons et nous approuvons la prudence du législateur; mais quand il s'agit d'une simple réparation civile, et que le mineur de seize ans a pu, bien entendu, comprendre le dommage qu'il a occasionné, ces considérations puissantes n'existent plus; l'équité commande dès-lors que la règle commune lui soit appliquée.

La science médicale distingue deux degrés principaux dans les maladies mentales : l'idiotisme et la folie.

L'idiotisme date de la naissance; la folie ne survient que lorsque la vie compte déjà un certain nombre d'années. L'idiotisme est un non-développement; la folie, un obscurcissement de l'intelligence.

Les idiots ont un cercle d'idées très-étroit, souvent même ils n'ont aucune idée. Leur vie est toute végéta-tive; ils n'ont d'humain que le corps généralement difforme et rabougri, et sont un objet de pitié. On ne saurait imputer aucun acte à ces êtres si disgraciés de la nature, pour qui ne brilla jamais le flambeau de la raison. Leur irresponsabilité doit être complète, tant au point de vue du droit pénal qu'au point de vue du droit civil. Mais, à côté de ces malheureux, se trouvent d'autres êtres, dont l'intelligence est bien imparfaite sans doute, mais qui, du moins, sont capables de comprendre les idées les plus vulgaires, de s'acquitter de quelques travaux, qui peut-être même ont quelque vague notion des devoirs de l'homme sur la terre. Ces demi-imbéciles, comme les appelle un des princes de la médecine, les déclarerons-nous res-ponsables de leurs actions? Tombent-ils sous l'appli-cation des lois pénales et civiles? C'est là, selon nous, une question de fait dont la solution doit être aban-donnée aux lumières et à la conscience des juges. Gardons-nous de poser dans cette matière des règles invariables, ainsi que l'ont fait quelques auteurs. Lais-sons aux juges le soin d'examiner si la raison de l'accusé leur semble assez développée pour avoir pu comprendre le mal qu'il a fait, et que du résultat de cet examen dépende sa justification ou sa condamnation; mais la conviction des juges, qui ne sera peut-être pas assez forte pour qu'ils le soumettent à un châtiment, pourra très-bien être suffisante pour qu'ils prononcent contre lui de simples dommages-intérêts.

La folie se divise en démence, manie et monomanie.

La démence (*insania*) est un affaissement complet de l'entendement. Le malade a perdu la mémoire; la chaîne de ses idées est rompue; son cerveau fatigué n'a pas la force d'en rattacher les anneaux.

La manie avec délire (*furor*) est une surexcitation générale des opérations de l'esprit; la tête du maniaque est en feu; les idées les plus incohérentes et les plus bizarres s'y croisent et s'y choquent avec une effrayante rapidité. Toutes les illusions des sens se réunissent pour le tromper et l'égarer davantage. C'est un spectacle effrayant qui resserre le cœur et humilie la raison.

Toute la législation romaine qui a trait aux insensés et aux maniaques est remarquable par la haute raison dont elle est empreinte. Leur état est un châtiment assez terrible: *Furiosus satis ipso furore punitur*, dit la loi 14 au Digeste *de officio præsidis*; leurs actions dommageables sont rangées sur la même ligne que les cas fortuits, que la chute d'une tuile poussée par le vent: *Et ideò quærimus, si furiosus damnum dederit, an legis Aquiliæ actio sit? Et Pegasius negavit, quæ enim in eo culpa sit cùm sanæ mentis non sit? Et hoc est verissimum. Cessabit igitur Aquilia actio: quemmadmodùm si quadrupes damnum dederit Aquilia cessat, aut si tegula*

ceciderit. Sed et si infans damnum dederit, idem dicem-
dum (L. 5, § 2, ff. *ad leg. Aquil.*, lib. 9, tit. 2).

Notre ancienne jurisprudence déclarait assez généralement, comme la législation romaine, que les insensés et les maniaques n'étaient passibles d'aucune peine;
mais elle s'écartait de cette belle législation, en les
rendant responsables de leurs actions dommageables.

Nous trouvons, en effet, dans Boniface, t. II, part. 3e,
p. 15, un arrêt du 24 janvier 1654, qui condamna un
insensé en des dommages-intérêts, pour avoir donné
un coup d'épée à une personne dans un état de
fureur (V. aussi Denisart, V° *Insensés*).

Sous notre droit, l'art. 64 du Code pénal nous présente la démence comme une cause de justification :
« Il n'y a ni crime ni délit, lorsque le prévenu
était en état de démence au temps de l'action, ou
lorsqu'il a été contraint par une force à laquelle il n'a
pu résister, » nous dit cet article. Les principes que
nous avons exposés au commencement de notre
thèse et qui sont basés sur la raison, commandent
une solution analogue au point de vue civil. Dès que
l'homme cesse d'être le modérateur, l'arbitre de ses actions, sa non-imputabilité doit être absolue. Mais l'intelligence affaiblie reprend parfois ses forces premières,
retombe, se relève pour s'abîmer le plus souvent dans
une dernière lutte. Si dans un de ces intervalles luci-
des l'insensé commet un acte illicite, nous concevons
que le juge puisse hésiter à prononcer contre lui la
punition qu'il semble mériter. Qui sait, en effet, de
quel poids a pesé sur sa détermination l'influence du

mal? Qui sait si, au moment même de la perpétration du crime, sa raison ne s'est pas affaissée de nouveau? Ces doutes, lorsqu'il est impossible de les dissiper, sont de nature à le soustraire au châtiment, mais ne m'empêcheraient pas de le déclarer civilement responsable.

La monomanie, connue dans notre ancien droit sous le nom de *mélancolie*, parce que ceux qui sont en proie à cette étrange affection sont portés à la tristesse et aux pleurs, se divise en monomanie avec délire et monomanie sans délire. La monomanie avec délire est un affaissement partiel de l'intelligence. En dehors d'un certain ordre d'idées, le monomane raisonne parfaitement, vous étonne même par la clarté de ses réponses et la netteté de sa pensée; mais touchez la fibre malade, aussitôt il n'y est plus, sa raison s'égare, sa tête se perd, il est aussi fou sous un rapport exclusif que le maniaque et l'insensé le sont sous tous les rapports.

Les hommes de l'art sont unanimes aujourd'hu pour reconnaître que l'intelligence peut subir des lésions partielles, et nous pensons que le monomane qui aura commis un crime se rattachant à l'idée fixe qui le domine, ne pourrait, sans une souveraine injustice, encourir les rigueurs des lois pénales et civiles. Cette solution dictée par le bon sens est à l'abri de toute controverse; il n'en est pas de même de la question que nous allons aborder. Un homme qu'aucune bizarrerie ne distingue des autres hommes, qui s'est toujours montré soigneux de ses affaires,

intelligent même dans leur administration, se rend
tout-à-coup coupable d'un crime horrible qui contraste
de la manière la plus forte avec ses goûts et ses affec-
tions et qu'aucun motif d'intérêt, de haine ou de ven-
geance ne peut expliquer. Cet homme, loin de chercher
à fuir, s'accuse lui-même; loin de nier son crime,
il le déplore; mais il n'a pas été libre de ne pas le
commettre : depuis longtemps il ressent des appétits
affreux; une idée incessante et terrible le pousse à
répandre le sang d'un de ses semblables; sa main a
fait une victime, mais sa volonté ne lui appartenait
plus; il est innocent : la société ne saurait le frapper.
Nous ne pouvons admettre comme motifs de justification cette soif irrésistible de jouissances hideuses,
cette force insurmontable qu'invoque l'accusé pour sa
défense. Dieu nous a donné l'intelligence pour comprendre le mal, la volonté pour l'éviter. Notre vie est
une longue lutte entre nos bons et nos mauvais penchants, mais la victoire dépend de nous, et la défaite
est un crime quand notre raison brille encore assez
pour nous permettre de distinguer le juste de l'injuste.
Nous nions donc l'existence d'une monomanie, à l'aide
de laquelle on pourrait justifier les attentats les plus
odieux. C'est d'elle que l'on a dit : « Si la monomanie
est une maladie, lorsqu'elle porte à des crimes capitaux,
il faut la guérir en place de Grève. » C'est d'elle encore
qu'un de nos procureurs-généraux les plus célèbres
écrivait en 1826 : « La monomanie est une ressource
moderne; elle serait trop commode pour arracher,
tantôt les coupables à la juste sévérité des lois, tantôt

pour priver un citoyen de sa liberté. Quand on ne pourrait pas dire qu'il est coupable, on dirait : Il est fou ! et l'on verrait Charenton remplacer la Bastille. »

Dans l'ivresse lorsqu'elle est complète, l'homme a aussi perdu l'usage de la raison. Il ne sait plus ni ce qu'il fait ni ce qu'il veut : il commettra les plus grands crimes, sans en avoir le moindre souvenir à son réveil. Mais il a eu tort de s'être mis dans un état aussi dégradant : *non est culpa vini, sed culpa bibentis.* Aussi le condamnerons-nous à réparer le préjudice qu'il aura causé, sans distinguer, comme en droit pénal, entre l'ivresse préméditée ou non préméditée, accidentelle ou habituelle. Pothier et Proudhon qui ont donné cette solution passent sous silence l'ivresse involontaire ou occasionnée par des tiers ; si ces grands jurisconsultes n'eussent pas fait cet oubli, ils auraient décidé comme nous, que celui qui s'est enivré dans une pareille circonstance n'a aucune faute à se reprocher, et qu'aucun des actes qu'il commet sous l'empire de cette ivresse ne peut lui être imputé.

Chaque nuit, la volonté de l'homme abdique son empire, aussi n'est-il pas responsable des dommages qu'il cause pendant son sommeil. Un objet précieux se trouve placé près de moi ; je fais au milieu d'un rêve un mouvement machinal qui le renverse ; il se brise en tombant : je ne serai pas tenu d'en payer la valeur.

Les somnambules échappent aussi à toute responsabilité. C'était la règle de notre ancienne jurisprudence qui les assimilait aux insensés, *dormiens furioso æquiparatur.* Qui peut en effet pénétrer les mystères du sommeil? Comment soumettre à aucune règle cette autre vie de l'âme qui défie toute observation? Cependant, quelques jurisconsultes et quelques médecins légistes n'ont pas craint de le tenter; ils sont allés jusqu'à prétendre que, si le somnambule avait une inimitié capitale, le crime devrait lui être imputé, parce que ce crime serait l'exécution des sentiments criminels qu'il aurait nourris dans la journée. Je n'ai pas besoin de faire observer sur quel fragile fondement repose l'opinion de ces auteurs. Pourquoi d'ailleurs n'appliquent-ils pas la même solution à tous les cas? Pourquoi distinguent-ils entre le somnambule qui a contre celui qu'il a tué une inimitié capitale, et le somnambule qui commet tout autre crime? N'est-il pas également vrai de dire que tous les actes des somnambules prennent leur source dans une pensée préexistante et qu'ils sont l'accomplissement d'un projet coupable formé pendant le réveil? Nous croyons donc qu'il est impossible d'établir aucune règle dans une matière aussi obscure, et les dommages que causent les somnambules ne doivent, selon nous, leur être imputés que lorsqu'il est prouvé qu'ils connaissaient leur état et qu'ils n'ont pas pris les précautions nécessaires pour éviter le mal qu'ils ont fait.

L'art. 64 du Code pénal, qui nous présente la contrainte comme une cause de justification, comprend évidemment la contrainte physique et la contrainte morale.

D'après Puffendorf la contrainte physique consiste en ce que, « malgré la résistance d'une personne, ses

» membres sont employés à faire ou à souffrir quelqu
» chose (*Droit de la nature et des gens*, t. I, p. 83). »
La contrainte physique ne donne lieu à aucune discussion. Quand une personne plus forte que vous saisit o
guide votre bras, quand vous n'êtes qu'un instrument
passif entre ses mains, aucun des actes que vous com-
mettez ne peut raisonnablement vous être imputé.
Leur imputabilité remonte toute entière à l'auteur de
la contrainte que vous avez été obligé de subir. La
contrainte physique n'aura lieu que bien rarement ; il
n'en est pas de même de la contrainte morale qui est
assez fréquente et qui offre de sérieuses difficultés.

La contrainte morale est une force supérieure qui
tyrannise l'esprit par la crainte d'un grand mal ou de
la perte de l'existence.

D'après les principes rigoureusement exacts du
droit naturel, quelque terribles que soient les menaces
que l'on nous adresse, en présence même de la mort,
nous n'avons pas le droit de nuire à autrui. Barbayrac,
dans ses *Notes sur Puffendorf*, t. I, p. 83, le démontre
clairement : « Une personne, dit-il, forcée par les me-
» naces de quelque grand mal, sans aucune violence
» physique et irrésistible, agit avec une espèce de
» volonté, et concourt en quelque manière à l'action
» qu'elle exécute. Il n'est pas absolument au-dessus de
» la fermeté de l'esprit humain de se résoudre à mou-
» rir plutôt que de manquer à son devoir. La crainte
» d'un grand mal, et même de la mort, peut bien
» diminuer le crime de celui qui commet, quoique
» malgré soi, une action mauvaise contre les lumiè-

» res de la conscience; mais l'action demeure tou-
» jours vicieuse en elle-même et digne qu'on se la
» reproche. »

Les rédacteurs du Code pénal, comprenant mieux la
faiblesse humaine, sachant qu'il est peu d'hommes
assez fermes pour rester maîtres d'eux au milieu des
plus terribles menaces, pour préférer la mort à la
violation d'un devoir, convaincus que la loi, pour ne pas
dépasser les limites du possible, doit seulement demander les formes et pour ainsi dire l'ombre de la vertu,
plutôt que la vertu elle-même : *Conatum magis et quasi
adumbrationem virtutis quàm virtutem ipsam* (Covarru-
vias, t. I, p. 2, c. 3, § 4), ont justifié pleinement
celui qui commet un crime sous l'empire de la contrainte morale. Mais la contrainte de l'art. 64 du Code
pénal n'est pas celle de l'art. 1112 du Code civil; il
faut, d'après les expressions mêmes de la loi, qu'elle soit
telle qu'il n'ait pas été possible d'y résister, c'est
celle que les jurisconsultes romains définissaient :
*Vani timoris excusatio non est ; metum autem non
vani hominis sed qui meritò et in hominen constantissi-
mum cadat (*L. 184. dig. de regulis juris, et 6, dig. quod
met. causâ).

La contrainte morale est-elle également une cause
de justification en droit civil? Celui qui cause un préjudice à autrui, pour échapper au danger qui le
menace, est-il tenu de le réparer? Nous croyons ici,
contrairement à ce que nous avons décidé en droit
pénal, que les principes du droit naturel doivent conserver tout leur empire. Nous comprenons que le

législateur ne considère pas, comme une volonté
libre, la volonté de celui qui, dominé par la terreur,
se rend coupable d'un crime; nous comprenons que
cet homme qui, dans toute autre circonstance, eût
frémi à la seule pensée de devenir criminel, échappe
à tout châtiment. Mais le législateur est parti, en droit
pénal, d'une fiction que nous repoussons en droit
civil, quoiqu'elle soit la mesure malheureusement trop
exacte de notre faiblesse. L'homme est libre dans
toutes les positions de la vie, dans les fers comme
dans les tourments, en présence de la mort elle-même.
Le mal qu'il commet, lorsqu'il cède aux menaces
qu'on lui adresse pour le contraindre à le commettre,
émane d'une volonté subjuguée par la crainte, mais
qui se possède encore cependant. Il a choisi entre le
mal qu'on lui commande d'accomplir, et les dangers
qui l'environnent. C'est là, quoi qu'on en dise, l'acte
d'une volonté indépendante; aussi nous décidons que
l'homme, qui dans une pareille situation cause un
dommage, est tenu de le réparer.

SECTION II.

Différents cas de fautes. — *Les fautes contractuelles ne
rentrent pas sous l'application de l'art. 1382. — Les
auteurs d'un délit civil ou d'un simple quasi-délit ne
sont soumis qu'à la solidarité imparfaite.*

Le savant Domat (*des lois civiles*, liv. 2, tit. 8,
sect. 4) développe en ces termes la règle contenue

dans l'art. 1382 du Code civil : « Toutes les pertes,
» tous les dommages, dit-il, qui peuvent arriver par le
» fait de quelque personne, soit imprudence, légèreté,
» ignorance de ce qu'on doit savoir, ou autres fautes
» semblables, si légères qu'elles puissent être, doivent
» être réparées par celui dont l'imprudence, ou autre
» faute, y a donné lieu ; c'est un tort qu'il a fait,
» quand même il n'aurait pas eu l'intention de
» nuire. »

La négligence et l'imprudence amènent de fréquents
dommages ; il est juste que ceux qui s'en rendent
coupables soient tenus de réparer toutes les conséquences qui peuvent en résulter. L'art. 1382 du Code
civil leur est pleinement applicable, et quand je dis
que l'imprudence et la négligence engagent notre responsabilité, je veux parler de l'imprudence et de la
négligence même la plus légère, d'un oubli que tout
semble justifier, que tout le monde eût commis, d'un
manque de soins qu'il était presque impossible de
prévoir et auquel la volonté n'a pris aucune part.
Sans doute qu'au premier aspect notre doctrine va
paraître trop sévère. On nous reprochera de condamner, sans distinction aucune, la fragilité humaine ; et,
prenant un exemple propre à faire ressortir toute la
rigueur de notre principe, on nous dira : Un incendie,
provenant d'une négligence ou d'une imprudence que
personne peut-être n'eût évitée, dévore une première
maison, puis passe aux maisons voisines qu'il dévore
également. Rendrez-vous le malheureux propriétaire de
cette maison responsable de ce sinistre dont il est la

cause bien innocente? consommerez-vous sa ruine
en l'obligeant à indemniser toutes les victimes de l'incendie? ferez-vous peser sur ses malheureux enfants une
faute qui leur est étrangère? — Ces raisons pourraient
faire impression si l'on n'y réfléchissait pas. Comment
accabler encore un homme déjà si à plaindre, frapper une famille qui n'a rien à se reprocher? — Nous
les repoussons cependant, parce qu'elles parlent aussi
puissamment en faveur de ceux qui réclament la réparation du dommage qu'ils ont éprouvé, et nous con-
damnons ce propriétaire imprudent ou négligent à payer
des dommages-intérêts à tous ceux qui ont le droit
d'en exiger, pour un motif bien simple, basé sur la
plus stricte équité : c'est qu'il est plus juste que l'auteur
même indirect du dommage en supporte les conséquences, quelque désastreuses qu'elles puissent être et
quelque légère que soit sa faute, que celui à qui on n'en
saurait reprocher aucune. Songeons d'ailleurs, au
nombre déjà si grand de malheurs qui proviennent
de l'imprudence ou de la négligence et qui augmente-
raient dans une progression effrayante ; songeons à
tous les véritables délits qui s'efforceraient de passer
impunis sous ce voile facile, au désordre qui régnerait
dans la société, et notre opinion paraîtra la seule
naturelle.

Gaius et Domat mettent l'ignorance des choses que
l'on doit savoir au nombre des fautes, *imperitia culpæ
adnumeratur.* Ainsi l'ouvrier qui, ne connaissant pas
bien sa profession, commet une faute qui cause un
dommage, est tenu de le réparer.

Les lois romaines poussent si loin la rigueur de ce principe qu'elles décident que le charretier qui a mal rangé les pierres sur sa charrette est responsable du dommage qu'elles causent en tombant. *Si ex plaustro lapis ceciderit, et quid fregerit, vel ruperit, Aquiliæ actione plaustrarium teneri placet : si malè composuerit lapides et ideò lapsi sunt* (L. XXVII, § 33, *ff. ad leg. Aquil.* 9, 2).

La faiblesse n'est même pas une excuse. Celui qui entreprend quelque chose au-dessus de ses forces doit indemniser tous ceux à qui il cause un préjudice. Sa faiblesse est une faute, *infirmitas culpæ adnumeratur.* Je monte un cheval fougueux que je ne suis bientôt plus le maître de contenir et qui, m'entraînant avec une effrayante rapidité, renverse tout ce qui s'oppose à sa course et blesse plusieurs personnes. J'ai eu tort de monter un cheval trop emporté pour moi; je suis en faute, je devrai réparer tous les dégâts que mon cheval aura faits, payer des dommages-intérêts à tous ceux qu'il aura blessés.

La faute provient quelquefois aussi, non de l'acte lui-même que nous accomplissons et qui n'a rien d'illicite, mais des conséquences de cet acte. Je mets le feu à un tas de chaumes que j'ai amassés dans mon champ et que j'ai eu le soin de placer en-dehors de la distance prescrite par les règlements de police. Cependant les flammes ne tardent pas à se répandre de toutes parts et à gagner les moissons voisines qu'elles réduisent en cendres. Serai-je tenu de réparer cet immense dégât? Ai-je commis une faute en allumant du feu dans mon champ ? Non , si j'ai eu le soin de détruire, d'arracher toutes les herbes par lesquelles pouvaient se communiquer les flammes ; non , si au moment où j'ai mis le feu à mes chaumes le temps était calme, et rien ne faisait présager que le vent allait se lever. Si j'ai pris ces précautions, je suis à l'abri de toutes les poursuites que l'on pourra intenter contre moi. J'avais le droit d'allumer du feu dans mon champ : l'intérêt de ma propriété me le commandait ; je n'ai commis aucune faute ; je ne suis responsable d'aucun des dommages que les flammes ont causés. Mais, si avant de mettre le feu aux chaumes, je ne me suis pas préoccupé de faire comme une solitude autour de lui pour l'empêcher de se propager, si le vent soufflait déjà avec assez de violence pour me faire craindre de ne pouvoir arrêter les progrès des flammes , sans doute alors, si un incendie a lieu, si les moissons de mes voisins en sont la proie, il devra m'être imputé. Le jurisconsulte Paul donne la même solution : *Ideòque si quis in stipulam suam, vel spinam comburendæ ejus causâ, ignem immiserit ; et ulteriùs evagatus, et progressus ignis alienam segetem, vel vineam læserit ; requiramus nùm imperitiâ ejus aut negligentiâ id accidit. Nam si die ventoso id fecit culpæ reus est. Nam et qui occasionem præstat, damnum fecisse videtur. In eodem crimine est et qui non observavit, ne ignis longiùs procederet, at si omnia quæ oportuit, observavit : vel subita vis venti longiùs ignem produxit : culpâ caret* (l. **XXX**, § 3, *ff. ad leg. Aquil.* lib. 9 , tit. 2).

Les faits dommageables de l'homme sont d'une infinie variété ; nous ne terminerions pas, si nous voulions les passer tous en revue; ceux que nous venons de citer sont des développements bien suffisants de la règle si clairement formulée par l'art. 1382. Mais à côté de la faute de cet article se trouvent les négligences, les omissions que l'on peut commettre dans l'exécution ou à l'occasion d'un contrat et qui sont connues sous le nom de fautes contractuelles; nous devons examiner si elles rentrent dans la matière des délits et des quasi-délits, si elles sont régies par les mêmes principes.

La théorie de la prestation des fautes contractuelles a été anciennement le sujet des plus ardentes controverses : elle a divisé en deux camps tous les commentateurs du droit romain. Vinnius, Heineccius et Pothier prétendaient trouver, dans le Digeste, trois sortes de fautes, la faute lourde, la faute légère et la faute très-légère, qu'ils distribuaient ensuite dans les différents contrats de la manière suivante : dans les contrats n'offrant aucune utilité au détenteur de la chose, ce détenteur n'était responsable que de la faute lourde ; dans les contrats ayant pour objet l'utilité des deux parties, tels que la vente et le louage, chacune était tenue de la faute légère ; dans les contrats enfin étant sans utilité pour tout autre que pour le détenteur, comme le commodat, on lui imputait la faute très-légère. Mais Doneau, Thomasius et Lebrun attaquaient cette division tripartite et ne reconnaissaient que deux sortes de fautes, la faute lourde et la faute légère.

Il est aujourd'hui acquis à la science, grâces aux remarquables travaux de M. Ducaurroy sur ce point (*Inst.*, *expl.*, t. III, n° 1068 et suiv.), que la classification de Vinnius, Heineccius et Pothier, trop symétrique et trop ingénieuse pour être fondée, n'a jamais existé en droit romain; voyons si elle a passé dans notre droit. Les discours des orateurs du gouvernement chargés de présenter le Code civil et l'art. 1137, règle des fautes contractuelles, nous prouvent le contraire. « Cette division des fautes, disait M. Bigot de Préa- » meneu, est plus ingénieuse qu'utile dans la pratique. » La théorie par laquelle on divise les fautes en plu- » sieurs classes, sans pouvoir les déterminer, ne peut » que répandre une fausse lueur et devenir la matière » de contestations plus nombreuses. »

L'art. 1137 du Code civil porte que : « l'obligation de veiller à la conservation de la chose, soit que la convention n'ait pour objet que l'utilité d'une des parties, soit qu'elle ait pour objet leur utilité commune, soumet celui qui en est chargé à y apporter tous les soins d'un bon père de famille.

» Cette obligation est plus ou moins étendue relativement à certains contrats dont les effets, à cet égard, sont expliqués sous les titres qui les concernent. »

Cet article porte dans sa rédaction embarrassée, vague et contradictoire, l'empreinte visible des discussions auxquelles avait donné lieu dans l'ancien droit la matière qu'il est appelé à régir. Son premier paragraphe, en prenant pour type de la diligence de celui qui doit veiller à la conservation d'une chose la diligence du bon père de sa famille, abolit la faute très-légère dont le bon père de famille n'est pas tenu, et la faute lourde en établissant comme règle uniforme de tous les contrats la diligence du bon père de famille, sans se préoccuper de la nature du contrat et de l'utilité qu'on en retire. On est donc en droit de conclure de ce premier paragraphe, que le Code civil fait une rupture complète avec notre ancienne jurisprudence et le droit romain; qu'il n'admet que la faute légère. Mais le second paragraphe de l'art. 1137 bouleverse entièrement le premier, restaure la faute lourde et la faute très-légère, et nous remet en présence de l'ancienne division tripartite que nous devions croire bannie. Gardons-nous cependant de donner à ce second paragraphe de l'art. 1137 une importance qu'il n'a pas; et si l'article tout entier, quand il est isolé, nous semble contenir des parties inconciliables, son explication devient facile, son véritable sens apparaît clairement, quand nous le rattachons aux autres textes du Code auxquels il se rapporte. Il est d'abord évident que l'art. 1137 a exclu la faute très-légère, puisque, contrairement à l'opinion de Proudhon (*de l'usufruit*, t. III, p. 474, n° 1504), nous n'en trouvons aucune trace dans le Code entier. Quant à la faute lourde, il n'a pu la proscrire, puisqu'elle est mentionnée formellement dans l'art. 804, et contenue dans les art. 1374, 1927, 1992; et, ce qu'il y a de particulier, c'est que, dans tous les contrats où le détenteur de la chose n'est tenu que de la faute lourde, le contrat n'est pour lui d'aucune utilité. Nous

pouvons donc décider hardiment que notre Code ne
reconnaît que la faute lourde et la faute légère, et
qu'il a maintenu la distinction romaine entre les
conventions qui ont pour objet l'utilité du détenteur et
celles qui sont pour lui sans utilité aucune.

Parmi les interprètes du Code civil, Toullier a le
premier abordé cette matière difficile. Il a compris tous
les inconvénients que présente la division tripartite;
et, dégoûté de ses subtilités, de ses exceptions plus
nombreuses que ses règles, il l'a repoussée complètement de notre droit; mais il a eu le tort de tendre
à une simplicité qui n'est pas dans les limites du vrai,
et il s'est trompé en décidant sans distinction aucune
que, dans tous les cas, l'homme est responsable de sa
faute, même la plus légère. Il a confondu ainsi des
rapports essentiellement distincts par leur nature : les
rapports provenant entre les hommes de leurs conventions, d'une loi privée, et les rapports provenant
entre eux de la violation d'un précepte commun, d'une
loi générale.

L'art. 1137 proteste contre la sévérité de la doctrine de Toullier, dont l'erreur a été causée par un
texte d'Ulpien, qui disait : *In lege Aquilia et levissima
culpa venit* (L. 44, au dig. *ad leg Aquil.*). Il n'a pas vu
que ce texte se trouve dans la matière des quasi-délits,
et il l'a transporté, sans y faire attention, dans la matière bien différente des fautes contractuelles. L'art.
1137, en nous donnant pour exemple de la diligence
du détenteur la diligence du bon père de famille,
prouve que les rédacteurs du Code civil ont voulu

guider les parties dans l'exécution de leurs contrats par un modèle de sagesse, de convenance et de raison qu'elles doivent s'efforcer d'atteindre, et non présenter à leur imitation un de ces types d'avarice outrée dont la scène a si souvent exploité les ridicules.

Toullier, pour soutenir que, dans tous les cas, la faute même la plus légère doit engager notre responsabilité, s'appuie sur le principe doctrinal des art. 1382 et 1383. Mais la place de ces articles dans le Code civil prouve suffisamment qu'ils ne régissent que la matière des délits et des quasi-délits, et nullement celle des contrats. Nous ne saurions donc les emprunter au titre qui les renferme, pour donner à l'art. 1137 une extension qu'il ne comporte pas. Les motifs ne nous manquent pas pour justifier l'indulgence de la loi dans les fautes contractuelles, sa sévérité dans les délits et les quasi-délits.

Quand je passe un contrat avec un tiers, quand je donne un mandat, loue ma maison, confie un dépôt à quelqu'un, je dois préciser le degré de responsabilité auquel j'entends soumettre la personne qui s'oblige envers moi. Si l'acte ne contient aucune clause particulière à cet égard, c'est que j'ai eu confiance en elle, que je ne lui ai demandé qu'une prudence et une vigilance communes à la plupart des hommes et déterminées par la loi. Il en est bien différemment quand vous me causez un dommage, soit en incendiant mes récoltes, soit en me renversant sur un chemin par la rapidité de votre course : dans ces deux cas et dans mille autres cas pareils, je n'ai pas traité avec vous, je n'ai pas discuté la responsabilité à laquelle je voulais vous astreindre, je n'ai pu vous éviter. Quel rapport y a-t-il entre les deux cas : entre une convention à laquelle j'ai dû réfléchir, et un accident qu'il ne m'a pas été donné de prévoir? N'est-il pas évident que la loi doit se montrer plus rigoureuse à l'égard de dommages provenant d'une rencontre fortuite, ou d'un voisinage fâcheux mais inévitable, qu'à l'égard de dommages que les parties ont dû calculer et qu'elles ont abandonnés à sa détermination, quand elles n'ont pas pris le soin de le faire elles-mêmes?

Les art. 1382 et 1383 posent un principe général, à l'aide duquel, dans la pensée du législateur, devaient se résoudre toutes les difficultés; il en est une cependant qu'il eût été important de prévoir, car ces articles ne s'occupant que de l'existence du dommage et de la nécessité de le réparer, ne nous disent pas si la victime d'un dommage a une action solidaire contre les différentes personnes qui l'ont causé. L'art. 55 du Code pénal décide, il est vrai, que : « tous les individus condamnés pour un même *crime* ou pour un même *délit* sont tenus solidairement des amendes, des restitutions, des dommages-intérêts et des frais. » Mais, nous le savons, il est des délits purement civils qui ne sont ni des crimes, ni des délits du droit pénal. La question reste donc entière à l'égard de ces délits et de tous les quasi-délits. En soumettrons-nous les auteurs à la solidarité? Aux termes de l'art. 1202 du Code civil, la solidarité ne se présume pas. La solidarité entre créanciers n'émane que d'un titre; la solidarité de la part des débiteurs, d'un titre et de la loi. Nous trouvons dans les art. 395, 1033, 1887, 2002 du Code civil, des cas de solidarité légale. Les auteurs d'un délit civil ou d'un quasi-délit sont nécessairement responsables chacun pour le tout, puisque chacun a de fait et d'intention causé le dommage entier; mais, comme aucun titre et aucun texte de loi ne les déclarent débiteurs solidaires, nous ne pourrons leur appliquer les règles de la solidarité. N'étant pas débiteurs solidaires, ils ne sont pas les mandataires et les représentants les uns des autres, soit pour recevoir les poursuites du créancier, soit pour perpétuer l'obligation; aussi la poursuite dirigée contre l'un d'eux n'interrompra pas la prescription à l'égard de tous; la sommation, qui mettra l'un d'eux en demeure, n'aura pas d'effet à l'égard des autres; la demande judiciaire, qui ne sera point formée contre chacun d'eux, ne fera courir les intérêts que contre celui qui aura été actionné. Quelques auteurs nomment solidarité imparfaite ce lien moins rigoureux que Dumoulin et Pothier définissaient, en disant que le débiteur n'est pas dans ce cas tenu *totaliter*, quoiqu'il le soit *in totum*, et solidarité parfaite la solidarité conventionnelle ou légale dans laquelle le débiteur est tenu *in totum* et *totaliter*. En règle générale, nous soumettons aux principes de la solidarité imparfaite, tous ceux que la loi déclare débiteurs solidaires, mais qui ne se connaissent point et n'ont entre eux que des rapports fort rares : les différents locataires d'une maison incendiée par exemple, ainsi que les signataires d'une lettre de change ou d'un billet à ordre; les personnes qui ont été condamnées pour un même crime ou un même délit.

SECTION III.

Responsabilité des différentes professions, des fonctionnaires publics, des magistrats.

Le principe de l'art. 1382 du Code civil est si étendu, qu'il comprend, non-seulement tous les dommages que les hommes causent dans la vie privée, mais encore tous ceux qu'ils peuvent causer dans l'exercice des différentes professions qu'ils sont appelés à remplir. C'est sur ce principe que repose la responsabilité des membres des tribunaux, des officiers ministériels, des avocats, des notaires, des conservateurs des hypothèques, des agents de change, des courtiers, etc.

Nous n'entreprendrons pas de tracer la responsabilité de chacune de ces carrières ; nous voulons simplement poser quelques règles générales, pour montrer comment doit, selon nous, leur être faite l'application de l'art. 1382.

La responsabilité qui résulte pour chaque homme des fautes, des légèretés, des imprudences et des négligences qu'il peut commettre dans l'exercice de son état, doit être entendue d'une manière conforme à la raison et à l'intérêt de tous. Elle ne doit pas être portée à l'extrême, car aussitôt l'activité hu-

maine serait paralysée, les ressorts de la vie sociale
arrêtés. Le principe qui régit cette responsabilité est
le même que celui qui régit la responsabilité provenant des actes préjudiciables de la vie ordinaire, mais
la mesure de la faute ne peut être pareille dans les
deux cas. Si les avocats et les médecins répondaient
de la plus légère erreur, du plus petit oubli, que
rend si naturel la tension continuelle de leur esprit ;
si, sous le prétexte que la cause a été mal présentée,
que certains moyens ont été négligés, sans qu'on
alléguât aucun motif de dol, bien entendu, l'avocat
pouvait devenir responsable de la perte de tous ses
procès ; si le médecin, sous le prétexte qu'il n'a rien
compris à la maladie, qu'il s'est trompé dans le trai-
tement, se voyait imputer la mort de tous ses mala-
des : personne, en présence de la ruine toujours dressée
sur lui, n'oserait affronter le barreau, soulager l'humanité souffrante. De même, si les notaires, les agents
de change, les huissiers et les avoués, se trouvaient
exposés à des poursuites quotidiennes de la part de
leurs clients, aucun d'eux certainement ne voudrait plus
se charger des actes de son ministère ; mais le bon sens
proteste contre une pareille supposition, repousse une
doctrine dont les conséquences seraient si désastreuses.
Tous les hommes ne sont pas doués de la même habi-
leté, de la même élévation et de la même force d'esprit. Qui ne sait combien d'interprétations différentes
peut recevoir le même point de droit? Qui ne sait que
la médecine est la science des conjectures? N'est-ce pas
de ses adeptes qu'on pourrait dire avec raison · *Tot*

capita tot sensus ? Gardons-nous de voir des motifs de
faute dans toutes ces inégalités qu'a créées la nature;
ne nous en prenons qu'à nous-mêmes de n'avoir su
faire le meilleur choix, car on pourrait objecter à nos
plaintes : *Cur talem elegeris?* Si toutes les professions
sont responsables, et elles doivent l'être, il est certain
que dans leur responsabilité telle que l'entend la
loi civile, il ne peut être question de capacité plus ou
moins étendue, de pénétration plus ou moins grande, de
talent plus ou moins brillant, mais seulement de la
garantie contre une imprudence, une négligence et une
légèreté inexcusables, contre une ignorance grossière
des choses qu'on doit nécessairement savoir quand on
sollicite la confiance publique.

C'est sur le même principe sacré de l'art. 1382
qu'est basée la responsabilité de tous les fonctionnaires publics, des plus élevés comme des plus humbles.
Tous doivent réparer les dommages qu'ils causent aux
simples particuliers par les fautes qu'ils commettent
dans l'exercice de leurs fonctions. Mais cette responsabilité, qui est l'application des principes qui nous
régissent, de la seule et possible égalité, de l'égalité
devant la loi, a été sagement réglée par la constitution du 22 frimaire an VIII, suivant laquelle « les
agents du gouvernement ne peuvent être poursuivis
pour des faits relatifs à leurs fonctions, qu'en vertu
d'une disposition du conseil d'état. » Cette partie de la
constitution du 22 frimaire an VIII n'a point disparu
avec elle, elle a survécu à la chute des différents régi-
mes qui se sont succédés depuis en France et qui

avaient eu soin de la maintenir. Nous la trouvons
encore en vigueur sous la république. Nous sommes
peu touchés de la critique amère de Toullier à son
égard, qui la considère comme l'œuvre du despote le
plus habile; nous sommes convaincu, au contraire,
qu'elle a été dictée par une connaissance profonde des
véritables moyens d'assurer le calme au pays, par un
esprit essentiellement intelligent des principes qui doivent dominer dans un état bien administré. N'est-il
pas nécessaire à l'existence même du gouvernement
qu'un de ses agents ne puisse être poursuivi par un
simple particulier que lorsqu'il a été reconnu par l'autorité supérieure que l'acte dommageable qui lui est
imputé dépasse réellement les bornes de son pouvoir et
ne rentre pas dans les instructions qu'il avait reçues?
S'il suffisait en effet de se prétendre lésé, d'éprouver
un dommage quelconque, imaginaire souvent, pour
pouvoir traduire immédiatement les fonctionnaires
publics devant les tribunaux, leur autorité déjà si
faible et si chancelante périrait infailliblement sous
les attaques incessantes de plaideurs systématiquement
hostiles et acharnés. Tout gouvernement deviendrait
impossible dans de pareilles conditions, car le respect
de l'autorité peut seul rendre un gouvernement fort
et durable.

La magistrature tombe également sous l'application
de l'art. 1382; mais, comme la femme de César, elle
ne doit même pas être soupçonnée. L'inamovibilité
dont elle jouit assure l'impartialité de ses arrêts; ne
dépendant d'aucun pouvoir, elle ne puise ses inspi-

rations que dans sa conscience et ne doit de comptes qu'à Dieu; elle est au-dessus des révolutions, et quand tout s'écroule autour d'elle, seule elle reste debout. Aussi, l'importance de ses fonctions et la sainteté de son ministère ordonnaient de restreindre en sa faveur l'étendue de la règle commune et de préciser avec soin les cas rares dans lesquels il pourra être permis à l'intérêt privé qui se prétendra lésé par elle de la poursuivre, de la prendre à partie, pour nous servir des termes énergiques du Code de procédure civile.

A l'origine de notre histoire, dans ces temps d'ignorance et de barbarie, si admirablement dépeints par Augustin Thierry, où la croyance naïve de nos pères voyait dans le combat judiciaire un moyen de découvrir la vérité, les juges pouvaient être obligés de descendre dans l'arène sur la provocation d'un plaideur mécontent, pour y venir soutenir, les armes à la main, la vertu de leurs jugements. L'introduction des appels réguliers portés à la cour supérieure abolit cette coutume sauvage; mais l'appel n'était pas dirigé contre la partie qui avait obtenu gain de cause en première instance : le juge seul était intimé, c'était lui qui se rendait devant les magistrats plus élevés, auxquels était dévolue sa sentence, et qui la défendait devant eux à ses *dépens et périls*, nous dit Boutellier. Devant eux aussi, il pouvait se voir demander par l'appelant la réparation des dommages qu'il lui avait causés par prévarication ou mal jugé. Le principe de la responsabilité des juges se trouve consacré dans les lettres du roi Charles VI, données à Paris le 29 juillet 1388, dont l'art. 2 porte que « si les juges mesprennent ou aucunement délinquent dans l'administration qui leur est confiée, ils seront tenus d'en répondre comme il appartiendra de raison ; » et l'art. 18 veut « que lesdits juges étant destitués ou déchargés de leurs offices, ils ne puissent quitter leurs bailliages ni transporter ailleurs leurs biens pendant quarante jours pour répondre aux plaintes qu'on pourrait faire d'eux, sur lesquelles les nouveaux juges feront droit diligemment, sous peine de punition. »

Cependant, quand se dissipèrent les ténèbres épaisses qui obscurcissent les premiers siècles de notre histoire, on sentit vivement tous les abus d'un usage qui, arrachant les juges à leurs utiles fonctions et les obligeant de descendre de la sphère élevée où ils doivent toujours rester, pour aller soutenir chacune de leurs sentences devant d'autres juges éloignés, ralentissait l'expédition des affaires ; aussi, les magistrats ne cessèrent-ils de se plaindre qu'après avoir obtenu son entière abolition. Mais le principe de leur responsabilité survécut à cet usage grossier, et nous assistons, avec l'ordonnance de 1540, à la naissance du nouveau mode de la mettre en pratique, de la prise à partie. L'ordonnance de 1540 porte l'empreinte des temps qui l'ont précédée ; elle autorise la prise à partie, non-seulement pour dol, pour déni de justice, fraude ou concussion, mais encore pour faute manifeste du juge. L'ordonnance de 1667, grâce à M. Pussort, que l'on trouve toujours le partisan des mesures les plus rigoureuses de son époque, et malgré la noble résis-

tance de M. le président de Lamoignon, qui devança
son siècle par l'élévation et la justesse des principes
qu'il s'efforçait de faire prévaloir, déploya encore une
plus grande sévérité contre la magistrature, en ad-
mettant la prise à partie contre le juge qui aurait rendu
des jugements contraires à la disposition des ordonnances, ainsi que dans plusieurs autres circonstances.

Il appartenait à une époque éclairée comme la
nôtre de rendre justice au passé glorieux de la magistrature, en renfermant la prise à partie dans des
limites propres à sauvegarder l'intérêt particulier, sans
toutefois faire l'injure à ce grand corps de le mettre
en suspicion. Les rédacteurs du Code de procédure
civile ont dignement rempli cette tâche dans l'art. 505.
Aux termes de cet article, « les juges ne peuvent
être pris à partie que dans les quatre cas suivants :
1° s'il y a dol, fraude ou concussion qu'on prétendrait
avoir été commis, soit dans le cours de l'instruction,
soit lors des jugements ; 2° si la prise à partie est
expressément prononcée par la loi ; 3° si la loi déclare
les juges responsables, à peine de dommages-intérêts ;
4° s'il y a déni de justice. »

Ici se présente une haute et grave question : une
erreur, si grossière qu'elle soit, mais dégagée de toute
idée de fraude et de dol, peut-elle donner ouverture à
l'action en prise à partie? Peut-on appliquer, dans ce
cas, la maxime romaine : *Culpa lata dolo æquiparatur?*
Sous l'ancien droit, l'affirmative semblerait ne devoir pas
être douteuse, car nous savons que la faute manifeste du

juge était désignée par les ordonnances de 1540 et de
1667, comme un motif de prise à partie; mais la jurisprudence s'efforçait de corriger la trop grande sévérité
de la loi, et nous trouvons dans Louet (lettre O, som-
maire 3), plusieurs arrêts qui ont refusé d'admettre
l'action en prise à partie à l'égard de magistrats qui
avaient ouvertement jugé contre la disposition formelle
d'un règlement. Sous notre droit, la négative est seule
admissible; elle ressort clairement du texte même de
l'art. 505 du Code de procédure civile, qui, en ne
comprenant pas, dans les cas de prise à partie qu'il
énumère, la faute grossière du juge, l'exclut nécessairement; de la connaissance certaine qu'avait le législateur des différentes causes de prise à partie conte
nues dans les ordonnances de 1540 et de 1667, et
qui, en ne reproduisant pas dans l'art. 505 la faute
manifeste du juge, s'est volontairement écarté de ces
deux ordonnances; des causes puissantes qui ordon-
nent d'élever la magistrature à une hauteur où puisse
rarement l'atteindre l'intérêt privé; de la considéra-
tion qui l'entoure à si juste titre et qui faisait dire à
M. Bigot de Préameneu, dans son exposé des motifs
de cette partie du Code de procédure civile: « Si
» dans le Code on avait pu se décider, par les senti-
» ments de respect qu'inspirent en France plus que
» dans toute autre partie de l'Europe, l'impartialité,
» l'exactitude et l'extrême délicatesse des magistrats,
» on n'y aurait pas même prévu qu'il pût s'en trouver
» dans le cas d'être pris à partie. »

Cependant, la plupart des auteurs ont adopté l'opinion contraire; mais ils ont été trompés par un arrêt de la cour de cassation du 23 juillet 1806 qui, ne manquant pas d'autres motifs pour s'appuyer, autorise la prise à partie contre un juge, en se fondant principalement sur une faute grossière qu'il aurait commise. Cet arrêt, rendu à une époque où le Code de procédure civile n'avait pas encore été promulgué, à une époque par conséquent où l'ordonnance de 1667 se trouvait encore en vigueur, ne peut rien prouver contre nous. L'arrêt de la même cour du 23 juillet 1832 nous semble seul tout-puissant, et il décide formellement qu'une faute, aussi lourde qu'on la suppose, ne peut jamais donner ouverture à l'action en prise à partie. Nous allons citer ses principaux motifs qui suffisent pour dissiper tout espèce de doutes.

« Attendu, en droit, qu'il résulte de l'art. 505 du Code de procédure civile qui régit aujourd'hui la prise à partie, qu'elle n'a lieu que dans les cas suivants : 1° s'il y a dol, fraude ou concussion commis par le juge, soit dans le cours de l'instruction, soit lors des jugements ; 2° si la loi autorise expressément la prise à partie pour le cas dont il s'agit; 3° si la loi déclare les juges responsables, à peine de dommages-intérêts; 4° enfin, s'il y a déni de justice; — que dans l'espèce le demandeur allègue contre les magistrats dénoncés le dol et la fraude, et subsidiairement la faute grave qui équivaut, selon lui, à la fraude et au dol; — que s'il résulte des diverses dispositions du Code civil que celui qui commet une faute dommageable à autrui est tenu de la réparer, et que la faute grave oblige en certains cas, comme le dol et la fraude, à des dommages-intérêts, il ne s'ensuit pas que des juges puissent être pris à partie pour avoir commis, dans l'exercice de leurs fonctions, une faute même grave, mais sans dol ni fraude prouvés ; — que l'on ne saurait raisonner par analogie en matière de prise à partie ; — que tout est de rigueur en pareil cas, et qu'on ne saurait y appliquer les maximes ordinaires de droit civil, puisqu'il n'y est pas seulement question d'une réparation pécuniaire et de dommages-intérêts, mais de l'honneur et de l'état des magistrats dénoncés (S. 1832. 1. 484). »

CHAPITRE II.

De la responsabilité du fait des personnes ou des choses qu'on a sous sa garde.

SECTION Ire.

Les fautes sont personnelles. — Le droit romain, notre droit ancien et notre droit actuel ont respecté ce grand principe dans celles même de leurs dispositions qui, au premier aspect, semblent s'en écarter.

Chacune des parties de notre premier chapitre n'est que le développement d'un principe sublime, émanant de la morale la plus élevée. Ecrivons en tête de ce second chapitre un principe non moins conforme à la raison et qui découle d'une source non moins pure : cette règle éternelle d'imputation qui veut que les fautes soient personnelles, et que les actions des autres ne puissent jamais engager notre responsabilité, à moins que la loi ne nous ait chargés de veiller sur eux et de les diriger.

Ces pères du droit, ces grands jurisconsultes romains, à qui seuls, selon d'Aguesseau, la justice a pleinement dévoilé ses mystères, n'eurent garde de violer un semblable principe: ils surent le respecter dans celles même de leurs décisions qui, au premier aspect, semblent s'en éloigner. Ainsi, quand un maître abandonnait son esclave à celui qui avait été lésé par le fait de cet esclave; quand à l'origine de Rome, dans ces temps d'odieuse barbarie, où les enfants étaient considérés comme la chose du père, qu'il était libre de vendre ou de tuer, un père livrait son fils à celui à qui son fils avait causé un préjudice; quand un chef de famille était responsable des dommages que pouvaient occasionner les choses imprudemment jetées sur les passants, soit par un de ses domestiques, soit par un de ses hôtes, si on ne voyait dans ces différents cas que l'obligation pour le maître d'abandonner son esclave, pour le père de livrer son fils, pour le chef de maison de réparer le dommage causé par une des personnes habitant avec lui, on pourrait croire que les jurisconsultes romains n'ont pas toujours suivi la ligne que leur traçait la raison; mais un examen sérieux des motifs qui ont dicté les décisions que nous venons d'énumérer prouve suffisamment le contraire.

Rendons à la législation qui a régi nos pères, ainsi qu'à la législation qui nous régit actuellement, la justice que nous venons de rendre au droit romain, en constatant que ni l'une ni l'autre n'a violé ce principe de raison et d'équité, qui cependant a aujourd'hui encore tant de peine à triompher des grossiers préjugés des masses.

Dans notre ancien droit, l'ordonnance de Blois rendue en 1579 enjoignait aux habitants des villages où des crimes étaient commis, « de poursuivre en toute diligence les malfaiteurs pour les appréhender et les constituer prisonniers, si faire se pouvait, sous peine de *grosses* amendes applicables, moitié au gouverne-

ment, moitié aux *excédés* ou leurs hommes. » Et l'ordonnance rendue par Louis XIV, en 1697, déclarait que
les seigneurs féodaux étaient responsables des désor-
dres qui avaient lieu dans leurs fiefs , et que ceux qui
étaient chargés de poursuivre les délits commis dans
l'étendue de leur juridiction, seraient punis de leur
négligence.

Loin de voir dans ces deux ordonnances l'œuvre
du despotisme, loin de trouver en elles une at-
teinte des plus graves à l'un des premiers préceptes
de la morale, nous pensons, en songeant à l'époque
terrible de notre histoire où fut promulguée la première, qu'elle fut dictée dans le but d'intéresser le
moindre hameau au rétablissement de l'ordre si pro-
fondément troublé par les discordes religieuses; quant
à la seconde , elle nous paraît une juste compensation
de l'immense pouvoir dont jouissait la noblesse , c'est
la continuation pacifique de l'œuvre commencée d'une
manière sanglante par Louis XI et Richelieu. L'éloge
que nous faisons de ces ordonnances trouve sa justification dans les modifications si larges apportées aux
principes qu'elles contiennent , par le décret du
23 février 1790 et la loi du 10 vendémiaire an IV,
sur la responsabilité des communes.

Les orateurs les plus éminents de notre première
Assemblée Constituante, Cazalès, Maury, Barnave,
Mirabeau, prirent part à la discussion du décret
du 23 février 1790 , où ils s'efforcèrent de faire
triompher le principe de la responsabilité des officiers
municipaux; mais celui de la responsabilité des com-

munes fut adopté malgré eux, quoiqu'il ne fût soutenu
que par des hommes obscurs, ayant il est vrai la
raison de leur côté. La Convention nationale, dans l'art.
1er du titre IV de sa fameuse loi du 10 vendémiaire
an IV, a ainsi développé et confirmé le principe consacré par l'Assemblée Constituante : « Chaque commune est responsable des délits commis à force
ouverte ou par violence sur son territoire, par des
attroupements ou rassemblements armés ou non armés,
soit envers les personnes, soit contre les propriétés,
ainsi que des dommages-intérêts auxquels ils donne-
ront lieu. » Toullier considère la loi du 10 vendémiaire an IV, comme le type de l'arbitraire législatif
le plus effrayant, comme la violation la plus éclatante
des plus simples notions de la justice. Quant à nous
loin de partager une pareille opinion, nous croyons
au contraire que la loi du 10 vendémiaire an IV est
une bonne loi, puisqu'en imposant à tous les honnêtes
gens l'obligation de se montrer dans les jours difficiles,
afin d'écarter d'eux et de leurs familles la responsabilité qu'elle prononce, elle peut être une digue assez
puissante pour contenir les mauvaises passions.

La loi du 10 vendémiaire an IV, dont on a plusieurs fois, dans les chambres législatives de la restauration, soutenu l'abrogation, constamment appliquée
sous le règne de Louis-Philippe, est encore en vigueur
sous la République. Elle date, en effet, des plus mauvais jours de notre histoire ; mais c'est une de ces
lois dont la nécessité se fait particulièrement sentir à
chaque commotion nouvelle, et qu'il faudrait faire à

chacune d'elles, si elle n'existait déjà. Les raisons que
l'on alléguait sous la restauration, pour soutenir l'abrogation de la loi de vendémiaire an IV, avaient
sous le dernier règne perdu une partie de leur valeur ;
elles l'ont entièrement perdue aujourd'hui, où tous les
citoyens étant appelés à élire le conseil de la commune
sont justement responsables de toutes les conséquences
qui peuvent résulter pour eux de leur mauvais choix.

Quelques-unes de ses dispositions cependant sont
d'une telle iniquité, que rien ne saurait les justifier
aujourd'hui. De quels termes qualifier les art. 9 et 10
dont le premier porte que « lorsque, dans une commune, des cultivateurs tiendront leurs voitures démon-
tées, ou n'exécuteront pas les réquisitions qui seront
faites légalement pour transports et charrois, les habitants de la commune sont responsables des dommages-
intérêts en résultant. » Et le second : « que si, dans une
commune, des cultivateurs, à part de fruits, refusent
de livrer, aux termes du bail, la portion due au propriétaire, tous les habitants de cette commune sont
tenus des dommages-intérêts. » Ces deux articles sont
trop odieux pour ne pas être tombés en désuétude.
Faisons des vœux pour qu'une abrogation expresse
vienne les rayer de nos codes.

L'art. 1er du titre IV de cette loi déclare, nous
l'avons déjà dit, chaque commune responsable des
délits commis à force ouverte ou par violence sur son
territoire par des attroupements ou des rassemblements armés ou non armés, mais nous ne trouvons
indiqué dans aucune de ses dispositions le nombre de

personnes nécessaires pour constituer un attroupement
ou un rassemblement. Nous sommes obligé, pour le savoir, de nous adresser au droit romain : *Turbam ex quo
numero admittimus ? Si duo rixam commiserint , utique
non accipiemus in rixâ id factum , quia duo turba non
propriè dicuntur : enim verò si plures fuerint putà decem
aut quindecim homines, turba dicetur. Quid ergò, si sint
tres aut quatuor, turba utique non dicetur. (L. 4. § 2.
D. de vibonorum raptorum.)*

C'est à cette loi romaine que nous devons nous ré-
férer pour la solution de la question qui nous occupe,
puisqu'elle était la seule , à l'époque où la loi du 10
vendémiaire an IV fut promulguée, qui définit le simple
attroupement. Ce qui nous prouve encore d'une manière bien évidente que la loi du 10 vendémiaire an
IV n'a pas entendu voir un attroupement dans une
réunion de deux ou trois personnes, c'est que l'art. 9
de la loi du 3 août 1791, qui était alors dans toute
sa vigueur, n'appelait attroupement séditieux , qu'un
rassemblement s'opposant à l'exécution d'une loi, d'une
contrainte ou d'un jugement, lorsqu'il était composé
de plus de quinze personnes.

SECTION II.

*Responsabilité des pères de famille, des instituteurs, des
artisans, des maîtres et des commettants.*

Toullier a été injuste envers les hommes si éclairés
qui ont rédigé notre Code civil, quand il leur a adressé

le reproche d'avoir méconnu dans l'art. 1384 la règle éternelle d'imputation, qui ne permet pas de nous rendre responsables du fait d'autrui. Cet article en effet, loin d'offrir une pareille dérogation à la morale, n'est que l'application d'une de ses premières lois, du grand principe que nous avons développé dans notre premier chapitre.

Si le père, et la mère après le décès du mari, sont, aux termes de cet article, tenus de réparer le dommage causé par leurs enfants mineurs habitant avec eux, n'est-ce pas parce que les pères et mères doivent diriger la conduite de leurs enfants, développer leurs jeunes facultés, les initier à la vie, fortifier dans leurs âmes les notions éternelles du droit et du devoir, veiller enfin sur chacune de leurs actions? et s'ils ne sont pas à la hauteur de leurs saintes fonctions, s'ils n'usent pas, ainsi qu'ils devraient le faire, de l'autorité que leur confère la loi, n'est-ce pas un fait qui leur est essentiellement personnel, qui engage leur responsabilité? Quelle règle d'imputation est dès-lors violée?

Ces idées, qui nous paraissent si claires, n'ont cependant pas toujours été comprises. Les moralistes et les livres saints, en partant du principe que l'homme ne doit être tenu que de son propre fait, qu'on ne saurait lui imputer le fait d'autrui quand il y est resté complètement étranger, enseignaient que le fait du fils n'est pas plus imputable au père, que le fait du père n'est imputable au fils. *Filius non portabit iniquitatem patris, et pater non portabit iniquitatem filii,* dit le prophète Ezéchiel, cap. XVIII, v. 20. Cependant, quelle différence entre les deux cas ! S'il est juste, en effet, que le fils ne réponde pas des actions de son père, car il n'a sur lui aucune autorité, n'est-il pas juste que le père réponde des actions de son fils placé sous sa surveillance par la nature et par la loi ?

Dans notre ancien droit, on obligeait le père de réparer le dommage causé par son fils ; mais on usait envers lui d'une rigueur excessive et d'une injustice souvent manifeste. Le principe était bon, mais on le rendait presque cruel. N'en soyons par surpris, c'est la marche habituelle de l'humanité, quand elle a découvert une chose dont l'équité la frappe ; heureuse de sa découverte, elle l'applique aussitôt, et en voulant trop bien l'appliquer, elle dépasse toujours le but. L'art. 656 de la nouvelle coutume de Bretagne, conforme en cela à l'ancienne et à la très-ancienne, rédigée en 1230, déclarait que, « si l'enfant fait tort à autrui, tant qu'il sera au pouvoir de son père, le père doit payer l'amende civile, pour ce qu'il doit châtier ses enfants. »

Cet article, suivi dans les coutumes qui ne contenaient aucune disposition sur la responsabilité des pères de famille, devint le droit commun de la France.

Nous saisissons de suite tout ce que cette disposition avait d'injuste et de rigoureux. Elle n'admettait aucun tempérament dans l'obligation qu'elle imposait au père d'indemniser tous ceux à qui son fils avait fait quelque tort. Que le père fût éloigné, qu'il lui eût été complètement impossible d'empêcher l'action de son fils, qu'il eût usé de tous les moyens propres à corri-

ger une nature indomptable, toute espèce de preuve
lui était interdite; il n'en était pas moins tenu de
réparer le dommage causé par son fils, et de payer
l'amende civile. C'est en vain que les plus grands jurisconsultes, ces hommes illustres dont la gloire grandit
avec les siècles, d'Argentré, Cujas et Barthole, s'éle-
vaient avec toute la force de leur raisonnement et
toute l'autorité de leur science, contre une déviation
aussi manifeste d'une règle bonne en elle-même : ils
ne purent fléchir la rigueur de la coutume, et la responsabilité des pères de famille ne cessa pas malgré
eux d'être appliquée avec autant de dureté et aussi
peu de bon sens. La jurisprudence fit une seule con-
cession; elle décida constamment, par une juste assi-
milation à l'insensé de l'impubère trop jeune encore
pour pouvoir distinguer le bien du mal, que tous les
dommages qu'il occasionnerait, s'il avait été impossible
de les prévoir et de les prévenir, seraient considérés
comme des cas fortuits et ne pourraient engager la
responsabilité de son père ou de sa mère.

Les rédacteurs du Code civil ont compris qu'ils
devaient adopter la règle de l'ancien droit, mais en la
dépouillant de son excessive sévérité; et c'est ce qu'ils
ont fait à la fin de l'art. 1384, qui déclare que « la
responsabilité des pères et mères, instituteurs et artisans a lieu, à moins qu'ils ne prouvent qu'ils n'ont pu
empêcher le fait qui donne lieu à cette responsabilité. »
Nous voilà rentrés enfin dans les véritables limites de
la justice et de la raison. Quand un enfant cause un
préjudice à quelqu'un, il s'élève contre le père une

présomption de faute, de négligence, dans les soins qu'il doit continuellement prodiguer à son enfant. C'est en se basant sur cette présomption, que la loi lui impose l'obligation de réparer toutes les conséquences de l'acte qu'un peu plus de vigilance de sa part eût pu empêcher. Mais peut-être qu'il n'a aucun reproche à s'adresser : il a pris toutes les mesures que dictait la prudence pour prévenir le malheur ou l'accident qui est arrivé; peut-être même qu'il était absent en ce moment. Qu'il prouve les motifs qu'il allègue en sa faveur, et sa responsabilité sera mise à couvert. Notre article 1384, infiniment plus juste que la coutume de Bretagne, l'autorise à faire cette preuve, et s'il parvient à la faire d'une manière suffisante, le dégage de toute espèce d'obligation. Mais, lorsque le père invoque une excuse quelconque, lorsqu'il excipe de son absence pour prétendre qu'on ne saurait exiger de lui aucune indemnité, il faut, bien entendu, qu'il n'ait lui-même commis aucune faute qui puisse avoir été la cause du dommage occasionné par son fils.

Toutes les fois qu'un père se retranchera derrière une excuse, le soin d'en peser la valeur appartient aux juges. C'est à eux de voir s'il a toujours veillé sur son fils comme il le devait; s'il lui a toujours donné de bons exemples, s'il a pris soin, connaissant sa pétulance et sa vivacité, de l'entourer d'une surveillance continuelle. Les juges n'admettront l'excuse alléguée par le père, qu'après avoir sérieusement examiné ces différentes considérations.

Le père cesse d'être responsable des actions dom-

mageables de son fils, lorsqu'il l'a mis dans une insti-
tion ou en apprentissage chez un artisan. Le directeur
de l'institution ou l'artisan le devient à sa place. Il est
juste qu'il en soit ainsi. Le père, en confiant à un
autre la direction de son fils, a entendu se décharger
sur lui de toute espèce de soins; comment dès-lors
supporterait-il les conséquences d'actes qu'il n'a pas
été en son pouvoir d'empêcher ? Aussi, les dégâts
commis par les élèves dans les promenades, tous les
dégâts commis par les jeunes apprentis, doivent-ils être
réparés par le directeur de l'établissement et par l'artisan. C'était à l'un de surveiller ses élèves, à l'autre
de surveiller ses apprentis, de manière à prévenir
toute dégradation et tout dommage de leur part. Ils
sont en faute, si leur sollicitude n'a pas toujours été
aussi vive, leur vigilance aussi active; c'est leur responsabilité seule qui doit être engagée par le fait de
leurs élèves ou de leurs apprentis. La loi ne demande
pas plus l'impossible à l'instituteur et à l'artisan qu'au
père de famille; elle les admet à la même preuve que
ce dernier, et lorsqu'ils n'ont pas absolument pu prévenir les dommages que leurs élèves ou leurs apprentis ont occasionnés, s'ils réussissent à prouver qu'on
ne saurait leur imputer aucune faute, ils sont à l'abri
de toutes les poursuites; mais s'ils ne peuvent fournir
une pareille preuve, ou si celle qu'ils fournissent n'est
pas jugée suffisante, eux seuls peuvent être actionnés
civilement. Il n'est pas possible d'être plus clair que
l'art. 1384 sur ce point. Comment expliquer alors le
décret impérial du 15 novembre 1813, dont l'art. 79,

après avoir, comme le Code civil, décidé que la partie lésée par le délit d'un élève aura dans tous les cas une action contre le chef de l'établissement auquel cet élève appartiendra, ajoute la disposition suivante : « Sauf le recours de l'instituteur contre les pères et mères, ou tuteurs, en établissant qu'il n'a pas dépendu des maîtres de prévenir ni d'empêcher le délit. » La plupart des auteurs font bon marché de cette disposition qu'ils trouvent étrange. Comment, disent-ils, il n'a pas été possible au chef de l'établissement, qui avait les élèves avec lui, de prévenir ni d'empêcher le délit qu'ils ont commis? Mais le père, mais le tuteur, qui n'exercent plus aucune surveillance, l'un sur la personne de son fils, l'autre sur la personne de son pupille, et qui sont peut-être éloignés tous les deux du lieu de l'établissement, comment ont-ils pu empêcher ce que l'instituteur lui-même n'a pu empêcher? N'est-il pas évident que l'impossibilité où ils se sont trouvés de rien prévoir, de rien prévenir, est encore plus grande que celle de l'instituteur? Et ces auteurs décident que, malgré les termes si formels cependant de l'art. 79 du décret impérial du 15 novembre 1813, jamais l'instituteur ne pourra exercer de recours contre le père, la mère, ou le tuteur d'un de ses élèves. Pour nous, nous reprocherons à cet article la manière absolue dont il s'exprime; mais loin de croire, comme eux, qu'il est d'une application impossible, nous sommes convaincu qu'il est des cas où il peut et doit même être appliqué. Quoiqu'un père ne soit pas auprès de son fils, il est sûr que sa responsabilité peut être engagée par les délits ou les quasi-délits de ce dernier, si on peut lui reprocher une faute quelconque, si on peut lui prouver qu'il lui a donné de mauvais exemples, qu'il ne s'est pas attaché à corriger les défauts de son caractère. Je suppose qu'un père, connaissant le détestable penchant de son fils pour le vol, n'en dise rien au chef d'institution auquel il le confie; si l'enfant vient à commettre un vol, le père en sera seul responsable, et l'instituteur aura recours contre lui, en vertu de l'art. 79 du décret impérial du 15 novembre 1813. Il n'est donc pas vrai de dire que cette disposition du décret ne mérite aucune attention, et doit être considérée comme si elle n'existait pas.

La responsabilité que la loi prononce contre le père, dont le fils a été une cause de dommage, est d'un genre tout particulier : c'est une simple avance que le père fait à son fils, c'est avec son propre argent que le père indemnise les victimes des délits et des quasi-délits de son fils. Nous tirons de là les conséquences suivantes : le père aura le droit d'exiger de son fils le remboursement des sommes qu'il aura dépensées pour réparer toutes les suites de ses actes préjudiciables; si le père ne réclame pas ces sommes de son vivant, le fils en devra le rapport à la masse de la succession de son père, ou il sera tenu de les imputer sur la portion à laquelle il prétend, puisqu'aux termes de l'art. 851, « le rapport est dû de ce qui a été employé pour l'établissement d'un des cohéritiers, ou pour le paiement de ses dettes, » à moins cependant que son jeune âge ne lui ait pas permis de comprendre le tort qu'il a causé à autrui, cas dans lequel la réparation en restera à la charge exclusive du père. Mais si le père parvient à prouver que sa vigilance n'a pas été un instant en défaut, qu'il n'a commis aucune faute, et que cependant il n'a pas dépendu de lui d'empêcher l'acte dommageable de son fils, sa responsabilité sera complètement dégagée. Ce n'est plus le père, mais le fils seul, qui peut être poursuivi. La personne qui se plaint d'avoir été lésée n'a le droit que de s'adresser au fils. C'est lui seul qu'elle devra directement attaquer, lui seul qu'elle fera condamner à lui payer des dommages-intérêts ; ce n'est que sur les biens qui lui sont propres, dans le moment même où elle obtient contre lui une condamnation, ou sur ceux qu'il acquerra par la suite, qu'elle pourra exercer son légitime recours.

Mais quelle est la somme que le père peut être tenu de payer à tous ceux qui ont souffert des actes dommageables de son fils ? Nous pensons qu'il serait équitable que cette somme fût bornée à sa part héréditaire. Sans cette restriction si juste, apportée aux poursuites que toute personne victime du délit ou du quasi-délit d'un enfant a le droit d'exercer contre le père de cet enfant, une famille entière sera souvent ruinée par le fait d'un seul de ses membres. Cette doctrine était admise dans notre ancien droit par Cujas et Barthole, et nous trouvons rapporté, par Hévin, un arrêt du parlement de Bretagne du 22 octobre 1605, qui sursit l'exécution de la réparation après la mort du père, ayant égard à sa pauvreté et caducité.

Nous voudrions pouvoir adopter une pareille opinion sous notre droit ; mais nous la croyons impossible en présence de l'art. 1384, qui, en nous disant d'une manière générale que « l'on est responsable, non-seulement du dommage que l'on cause par son propre fait, mais encore de celui qui est causé par le fait des personnes dont on doit répondre, » entend évidemment parler de la totalité du dommage et non d'une portion du dommage, et nous décidons, quoiqu'à regret, que la responsabilité du père, quelque désastreuse qu'elle puisse être pour le reste de la famille, s'étend à toute la réparation du dommage causé par son fils.

Dans l'ancien droit, les actions illicites du fils n'étaient imputables au père que jusqu'à l'époque de son émancipation. La coutume de Bretagne le décidait formellement, en n'obligeant le père à réparer le dommage causé par son enfant, que *tant qu'il sera en son pouvoir.* Sous l'empire du Code civil, la question est controversée. Toullier, se basant exclusivement sur l'art. 372 du Code civil, qui dit que « l'enfant reste sous l'autorité de ses père et mère jusqu'à sa majorité ou son émancipation, » enseigne que l'émancipation du fils fait cesser la responsabilité du père, puisque l'émancipation fait cesser la puissance paternelle. Mais MM. Duranton et Zachariæ repoussent avec raison l'opinion de Toullier. L'art. 1384 porte, sans faire aucune distinction entre les enfants émancipés et non émancipés, que « le père, et après le décès du mari la mère, sont responsables du dommage causé par leurs enfants mineurs habitant avec eux. » Est-il d'ailleurs rigoureusement vrai de dire que la puissance du père est anéantie par l'émancipation du fils? Le père même, après avoir émancipé son fils, ne conserve-t-il pas sur lui une autorité qu'il tient de la nature avant de la tenir de la loi? et si le fils émancipé ne se montre pas digne de cette faveur, le père n'a-t-il pas commis une grave imprudence qui, loin de couvrir sa responsabilité, doit au contraire l'engager? Toutes ces raisons que l'on fait valoir en faveur de l'opinion de MM. Duranton et Zachariæ, nous semblent trop puissantes pour nous permettre d'en adopter une autre. Il est inutile de dire que cette décision ne saurait être étendue à l'émancipation résultant du mariage.

C'est à la mère, après le décès du mari, que la loi confie la direction de la famille; c'est sur elle, par conséquent, que retombe la responsabilité qui pesait sur lui jusqu'alors.

Elle est encore soumise à la même responsabilité si, au lieu d'être mort, son mari est interdit ou simplement privé de raison sans qu'il y ait interdiction, s'il est absent déclaré ou présumé. Quand le mari n'a fait qu'entreprendre un voyage, nous userons d'une distinction : si l'enfant confié à la garde de sa mère a causé un dommage parce qu'elle n'a pas veillé constamment sur lui comme elle le devait, c'est elle seule qui sera tenue de le réparer; mais si, malgré toute sa sollicitude, malgré toute sa vigilance, il a commis un acte illicite, conséquence inévitable des vices que son père lui a laissé contracter, dont il lui a peut-être même donné l'exemple, il est évident que la mère ne peut être exposée à aucune poursuite , que le père seul doit y être soumis, malgré son éloignement momentané.

Si les époux sont séparés de corps, celui qui a été chargé de la garde de l'enfant est seul responsable de sa conduite ; s'ils ne sont pas unis par les liens sacrés du mariage, c'est celui du père ou de la mère chez qui demeure l'enfant ; et si les parents habitent ensemble, c'est évidemment le père.

Parmi les personnes sur qui l'art. 1384 fait porter la responsabilité du fait d'autrui, nous ne trouvons pas mentionné le tuteur. Nous décidons cependant, sans hésiter, que le tuteur est responsable des actions dommageables du pupille habitant avec lui. Le tuteur, en effet, se trouve dans une position absolument identique à celle du père. Il peut comme lui, aux termes de l'art. 468, s'il a de graves sujets de mécontentement sur la conduite du mineur, provoquer sa réclusion, après avoir obtenu cependant l'assentiment du conseil de famille. Il est donc juste qu'il soit soumis à la même responsabilité.

L'art. 667 de la coutume de Bretagne portait que « le mari est tenu de réparer civilement le forfait que sa femme ferait sur les biens de leur communauté. » Cette disposition ne doit pas nous étonner, si nous songeons que la plupart des anciennes coutumes conféraient au mari, sur la personne de sa femme , un droit de correction, qui allait jusqu'à lui permettre de la battre.

Dans notre droit, si en harmonie avec la délica-

tèsse de nos mœurs, le mari n'est point responsable
des délits et des quasi-délits de sa femme. L'art. 1424
du Code civil ne laisse aucun doute sur la question,
puisqu'il décide que les amendes encourues par la
femme « ne peuvent s'exécuter que sur la nue-
propriété de ses biens personnels, tant que dure la
communauté. » L'autorité qu'a le mari sur sa femme
ne saurait se comparer à l'autorité du tuteur sur son
pupille; il est donc naturel que la responsabilité qui
pèse sur le père, pèse sur le tuteur, et non sur le
mari.

En thèse générale, les maîtres et les commettants ne
peuvent être poursuivis à raison des actes préjudiciables de leurs domestiques et de leurs préposés ;
mais l'art. 1384, dans sa troisième disposition,
apporte à ce principe une exception conforme à la
raison, en décidant que « les maîtres et les commettants sont responsables du dommage causé par leurs
domestiques et préposés dans les fonctions auxquelles ils les ont employés. » Hutcheson, dans son
Système de physique morale (t. II, liv. 1, ch. 6, n° 1),
pose aussi la même règle : « Les dommages causés
» par les domestiques à gage ne retombent que sur
» eux ; mais leurs maîtres en sont responsables
» lorsque c'est par leurs ordres qu'ils les ont cau-
» sés. »

La responsabilité des maîtres et des commettants
n'est pas la même que la responsabilité des pères de
famille. La responsabilité du père est une garantie, un
cautionnement forcé que la loi exige de lui, pour assu-

rer la réparation de tous les dégâts faits par le fils.
Elle ne voit dans le père qu'un obligé subsidiaire,
tandis que le fils est, à ses yeux, le seul obligé prin-
cipal. Aussi le père a-t-il le droit d'exiger du fils, si son
âge, comme nous l'avons déjà dit, lui a permis de comprendre le tort qu'il a causé, le remboursement des sommes qu'il a dépensées pour réparer toutes les suites de
ses délits ou de ses quasi-délits. Les maîtres et les commettants, au contraire, sont toujours les principaux
obligés. La raison et l'équité assignent ce rang aux maîtres et aux commettants. Ne serait-il pas, en effet,
aussi absurde qu'injuste, que les domestiques et les
préposés, instruments passifs d'une volonté étrangère,
fussent responsables d'un acte dommageable qu'ils
n'ont accompli qu'après en avoir reçu le comman-
dement ? De ce caractère si différent de la responsabilité des pères de famille et de la responsabilité des
maîtres et des commettants découlent des conséquences différentes aussi : tandis que le père a un recours
contre son fils pour obtenir le remboursement des
sommes qu'il a payées à tous ceux que sa conduite
coupable a lésés, non-seulement les maîtres et les
commettants n'ont aucun recours pour exiger un pareil
remboursement de leurs domestiques et de leurs préposés, quand ceux-ci n'ont agi que d'après un ordre
de leur part ou dans l'exercice de leurs fonctions,
mais encore quand les domestiques et les préposés se
voient poursuivis, ils peuvent appeler en garantie
leurs maîtres et leurs commettants, et se faire ren-
voyer de la cause.

La responsabilité des maîtres et des commettants se
distingue encore de la responsabilité des pères de
famille, de celle des artisans et des instituteurs,
en ce que jamais ils ne sont admis à prouver qu'ils
n'ont pu empêcher l'acte dommageable que leurs domestiques et leurs préposés ont accompli dans l'exercice même de leurs fonctions. La seule preuve qui
leur soit permise, la seule qui puisse dégager leur responsabilité, c'est celle qui ferait voir que c'est en
dehors de leurs fonctions que leurs domestiques et
leurs préposés ont causé le dommage dont on veut
faire retomber sur eux la responsabilité. Le dernier
alinéa de l'art. 1384 ne comprend pas les maîtres et
les commettants au nombre des personnes qu'il admet
à prouver qu'elles n'ont pu empêcher le dommage qui
a été causé. M. Bertrand de Greuille, dans son rapport
au tribunat sur la loi relative aux engagements sans
convention, nous donne le motif de cette omission :
« Le projet, dit-il, les assujettit à la responsabilité la
» plus entière et la moins équivoque. Cette disposition,
» qui se rencontre déjà dans le Code rural, ne présente
» rien que de très-équitable. N'est-ce pas, en effet, le
» service dont le maître profite qui a produit le mal
» qu'on le condamne à réparer? N'a-t-il pas à se repro-
» cher d'avoir donné sa confiance à des hommes mé-
» chants, maladroits ou imprudents? Et serait-il juste
» que des tiers demeurassent victimes de cette confiance
» inconsidérée, qui est la cause première, la véritable
» source du dommage qu'ils éprouvent? La loi ne fait
» donc ici que ratifier ce que l'équité commande, ce que

» de trop fréquents et de trop fâcheux exemples ren-
» dent nécessaire, et ce que la jurisprudence de tous
» les temps et de tous les pays a consacré (Fenet ,
» t. XIII, p. 476). » Cette opinion était admise dans
l'ancien droit. Pothier (*Traité des Obligations*, n° 121)
enseigne que les maîtres, quoique absents, sont
responsables des délits et des quasi-délits que
leurs domestiques ou leurs ouvriers commettent
dans l'exercice des fonctions auxquelles ils les em-
ploient; ce qui a été établi, dit-il, pour rendre les
maîtres attentifs à ne se servir que de bons domestiques.

Les maîtres et les commettants deviennent entièrement irresponsables, lorsque leurs domestiques et leurs
préposés se rendent coupables d'un délit ou d'un
quasi-délit en dehors de l'exercice de leurs fonctions.
L'insurmontable présomption de culpabilité, qui s'étend
sur les maîtres et les commettants, dans l'hypothèse
réglée par la loi, s'évanouit et avec raison dans ce dernier cas. Comment pouvoir en effet supposer que, si
les domestiques et les préposés causent un dommage
quelconque en dehors des fonctions qu'ils remplissent,
c'est qu'ils en ont reçu l'ordre de leurs maîtres et de
leurs commettants? Mais la responsabilité des maîtres
et des commettants renaîtrait, s'il était prouvé qu'ils
connaissaient les intentions criminelles de leurs subor-
donnés, qu'ils pouvaient en prévenir les effets, et qu'ils
n'ont rien tenté pour y mettre obstacle (L. 3 et 4, ff.
De noxal. act., 9. 4).

La règle de l'art. 1384 s'applique également à l'État

et aux diverses administrations publiques par rapport
à leurs agents, préposés ou employés.

SECTION III.

*L'homme est tenu de réparer les dommages causés par les
animaux et par les objets inanimés confiés à sa
garde.*

L'homme est responsable, non-seulement du dommage émanant de son propre fait ou du fait des
personnes sur lesquelles la loi l'a chargé de veiller,
mais encore de celui que peuvent causer les choses
confiées à sa garde.

Le législateur, après avoir sanctionné, dans le premier alinéa de l'art. 1384, ce complément nécessaire
de l'imputabilité civile, a pris soin de le développer
dans les art. 1385 et 1386.

L'art. 1385 porte, en effet, que : « le propriétaire
d'un animal ou celui qui s'en sert pendant qu'il est à
son usage, est responsable du dommage que l'animal
a causé, soit que l'animal fût sous sa garde, soit
qu'il fût égaré ou échappé. »

Et l'art. 1386 que : « Le propriétaire d'un bâtiment
est responsable du dommage causé par sa ruine, lorsqu'elle est arrivée par suite de défaut d'entretien ou
par vice de construction. »

Les animaux peuvent causer du dommage de deux
manières différentes : soit en suivant leur instinct

et leurs habitudes, *secundùm naturam*, comme les bestiaux qui vont manger les récoltes d'autrui, soit en
s'écartant au contraire de la nature de leur instinct,
contrà naturam, comme un cheval qui mord ou qui
rue, un bœuf qui vous blesse avec ses cornes.

Toute personne à qui un animal sauvage ou domes-
tique a causé un préjudice a contre son maître une
action en dommages-intérêts. Le propriétaire de l'animal s'efforcerait vainement d'échapper à la responsabilité
que la loi prononce contre lui, en prétendant que l'animal
s'est échappé ou qu'il est d'une nature si dangereuse
que lui-même n'est pas en sûreté auprès de lui. Toute
preuve lui est interdite, car il a commis une faute
égale dans les deux cas : dans le premier, de n'avoir
pas usé d'une surveillance assez grande pour l'empêcher de s'enfuir; dans le second, d'avoir osé conserver
un animal aussi méchant.

En droit romain, le propriétaire de l'animal était
libre de l'abandonner comme réparation du dommage
qu'il avait causé. Il usait surtout de ce droit quand sa
valeur était inférieure à celle du dégât. Dans certains
cas cependant, où le propriétaire, avait quelque faute
à se reprocher, cette faveur lui était refusée, et il
devait payer la valeur entière du dommage. *Si quadrupes pauperiem fecerit, damnumve dederit quidve de-
pasta sit, in dominum actio datur, ut aut domini œstima-
tionem subeat, aut quadrupedem cedat : quod etiam lege
Pesulianâ de cane cavetur (Pauli sentent., recept., tit. 15,
§ 1).*

Parmi nos anciennes coutumes, certaines permet-

laient au maître de l'animal d'en faire l'abandon; certaines, au contraire, et c'était le plus grand nombre,
lui interdisaient cette faveur, et il était dans tous les cas
obligé d'acquitter la totalité du dommage. Cette disposition a passé dans notre droit; elle a trouvé dans
l'art. 1385 une sanction qui ne saurait paraître douteuse. A la différence encore de ce qui se pratiquait
sous l'empire des lois romaines, où jamais le propriétaire qui voyait ses champs dévastés par des animaux étrangers n'avait le droit de les saisir et de
les conduire chez lui, notre droit lui accorde cette
faveur, et l'habitant de la campagne est témoin chaque
jour de l'arrestation ou de la mise en fourrière de
quelque animal maraudeur. L'art. 12 du tit. II de la
loi des 28 septembre et 6 octobre 1791, concernant la
police rurale, n'a sagement permis de saisir que les
bestiaux laissés à l'abandon; elle a voulu éviter de la
sorte, entre le propriétaire du fonds et le propriétaire
de l'animal, des rixes et des violences qui auraient le
plus souvent une issue déplorable. Le même article
ajoute : « Si ce sont des volailles, *de quelque espèce que
ce soit*, qui causent le dommage, le propriétaire, le
détenteur ou le fermier qui l'éprouvera, pourra les
tuer, mais seulement sur le lieu et au moment du
dégât. » L'extrême difficulté de s'emparer de ces animaux sur l'endroit même de leurs ravages, de connaître la personne à laquelle ils appartiennent et
l'embarras d'estimer d'une manière assez juste la
valeur du dommage qu'ils peuvent causer, expliquent
la faculté que donne le législateur de les tuer à celui

qui les trouve sur ses terres, en l'absence de leur
maître bien entendu, car les mêmes rixes et les mêmes
violences que le législateur a voulu rendre impossibles,
en ne permettant de saisir que les animaux laissés à
l'abandon, ne manqueraient pas de se produire, et le
législateur, qui a voulu empêcher les unes, n'a certainement pas entendu permettre les autres.

Dans l'ancien droit, les seigneurs répondaient du
dommage que causait sur les terres voisines le gibier
qu'ils avaient dans leurs terres. Les seigneurs n'étaient
cependant pas propriétaires de toutes les bêtes fauves
dont les terriers ou les retraites se trouvaient dans
leurs domaines. Ces animaux étaient censés, comme
en droit romain, n'appartenir à personne ; aussi, le
droit de les tuer était exclusivement réservé aux seigneurs, et l'obligation où ils étaient de réparer tous
les dégâts qu'ils pouvaient occasionner reposait pré-
cisément sur cette importante prérogative. L'opinion
que nous émettons, après Merlin, Henrion de Pansey
et Toullier, trouve sa meilleure preuve dans le droit
qu'avaient tous ceux, mais seulement ceux qui étaient
compris dans l'enclave d'un fief, d'exiger du seigneur
de ce fief d'être indemnisés du dommage que le gibier
leur avait causé. Le seigneur n'était responsable envers aucune autre personne. Il pouvait répondre à
ceux qui s'adressaient à lui et menaçaient de l'action-
ner en dommages-intérêts : Le gibier n'est pas ma
propriété, ces dégâts ne sont pas mon affaire; s'ils
engagent ma responsabilité envers mes vassaux, c'est
que j'exerce pour eux le droit de chasse; mettez en

cause ceux qui sont chargés de vous préserver de ses atteintes.

Le droit qu'avaient les seigneurs de pouvoir seuls chasser leur a été enlevé par les décrets des 4 et 11 août 1789, qui ont fait en même temps cesser leur responsabilité. Tout le monde a aujourd'hui la faculté de chasser, après s'être muni d'un port d'armes. Il n'y a donc plus, comme dans l'ancien droit, une classe de la société chargée de garantir les autres classes des dégâts que peut commettre le gibier. Le Code dit bien, dans l'art. 1385, que le propriétaire d'un animal est responsable du dommage qu'il occasionne; mais le gibier, de même qu'en droit romain, de même que dans notre ancienne jurisprudence, ne constitue pas une propriété privée, et les dégradations que commettent les loups et les sangliers qui ont leur gîte dans nos terres n'engagent pas plus notre responsabilité que les grains de blé enlevés, dans un grenier qui ne nous appartient pas, par les moineaux qui se posent sur nos arbres et sur notre toit.

Que déciderons-nous à l'égard du dommage causé par des lapins? Le propriétaire du bois où sont situés leurs terriers devra-t-il une indemnité à tous ceux qui souffrent de leur voisinage?

Les lapins, quand ils sont libres dans un bois, ne peuvent être considérés comme appartenant au propriétaire du bois, puisque, aux termes des art. 524 et 564 du Code civil, les lapins de garenne sont seuls susceptibles d'une propriété privée. Les lapins de garenne, s'ils viennent à s'échapper et à causer quelque

dégât sur les terres voisines, deviendront donc une
cause de responsabilité pour leur maître qui tombera
sous l'application de l'art. 1385 du Code civil. Quant
aux lapins qui jouissent d'une entière liberté, quelque
préjudiciable que soit leur voisinage pour tous les
propriétaires et tous les fermiers des environs, avec
quelque effrayante rapidité que leur nombre se multi-
plie, aucune de leurs victimes ne pourra se plaindre,
aucune d'elles ne pourra demander une réparation au
propriétaire des terrains qu'ils occupent. Ces lapins ne
lui appartiennent pas plus que le reste du gibier qui
se trouve sur ses terres. Mais si on réussit à lui prouver que c'est par sa faute qu'ils se sont tellement
accrus, qu'il n'a jamais voulu permettre qu'on les
détruisît, dans ces cas, mais dans ces cas seulement,
nous le condamnerions à réparer toutes les dégradations que les lapins peuvent avoir commises, en vertu,
non de l'art. 1385, puisqu'il n'a aucun droit de propriété sur ces lapins, mais en vertu du principe doctrinal de l'art. 1382, qui veut que « tout fait de
l'homme qui cause à autrui un dommage, oblige celui
par la faute duquel il est arrivé à le réparer. »

Les animaux, nous l'avons déjà dit, peuvent causer
du dommage de deux manières différentes : *secundùm naturam* et *contrà naturam*. Quand un de mes
bœufs ou un de mes chevaux s'échappe et pénètre
dans un de vos champs, je devrai vous indemniser de
tout le dégât qu'il aura fait ; car j'ai commis une faute
de le livrer ainsi à lui-même, je devais penser que son
instinct le conduirait vers les plus gras pâturages.

Mais si l'un de mes animaux vous blesse ou vous cause quelque dommage, contre le naturel de son espèce, la blessure que vous aurez reçue, le dommage que vous aurez éprouvé ne devront-ils pas être assimilés à un cas fortuit? pourra-t-on m'en rendre responsable? L'art. 1385 ne fait aucune distinction et décide que, dans tous les cas, le propriétaire d'un animal qui a été une source de préjudice pour quelqu'un sera tenu de le réparer, soit qu'il fût sous sa garde, soit qu'il fût égaré ou échappé. Le propriétaire de l'animal a d'ailleurs commis une faute en gardant une bête aussi dangereuse. Le législateur a posé, dans l'art. 1385, le principe général, abandonnant aux jurisconsultes et aux magistrats le soin de le développer.

Examinons donc quelques exemples pour en faire mieux saisir l'application.

Que le dommage ait été causé par la pétulance, la frayeur ou la férocité de l'animal, *si quâ lasciviâ aut pavore aut feritate pauperiem fecerit*, son maître est tenu de le réparer.

Un taureau se détache d'un troupeau que l'on mène à la prairie, s'élance sur des passants inoffensifs, renverse et tue plusieurs d'entre eux, le propriétaire de ce taureau sera certainement responsable de cet affreux malheur. Mais si un de ces chasseurs intrépides, qui se rit des fossés et des haies, saute dans un endroit fermé de toutes parts où paît tranquillement un taureau, et que le taureau, effrayé par le bruit, se précipite sur lui et le blesse, il ne pourra demander aucune indemnité au propriétaire du tauieau, car cet accident ne lui serait pas arrivé s'il eût respecté les clôtures qui lui commandaient de s'arrêter. On lui appliquera la règle : *Quod quis ex culpâ suâ damnum sentit, non intelligitur damnum sentire* (**L. LII, § 2, ff. ad leg. Aquil., IX, 2**). De même encore, si vous avez excité un animal, si vous l'avez provoqué d'une manière quelconque, vous ne pourrez, s'il vous blesse, exiger des dommages-intérêts de son maître : *Ei qui irritatu suo feram bestiam, aut quamcumque aliam quadrupedem in se proritaverit, eaque damnum dederit, neque in ejus dominum, neque in custodem actio datur* (Paul, *sentent. recept*, lib. I, tit. XV, n° 3).

Toullier, se basant sur une loi romaine (loi I, § 7, *ff. si quadrupes*, IX, 1), ne voit pas un acte de provocation dans le fait d'aller caresser un cheval, et il enseigne que, s'il mord la personne qui le caresse ou le touche, cette personne pourra poursuivre le propriétaire de ce cheval. Combien nous préférons l'opinion de Domat qui, dans ses observations sur la même loi, écrit « qu'il faut prendre garde de ne pas imputer » facilement au maître d'un cheval ou d'une autre » bête les accidents que peut attirer l'imprudence de » ceux à qui ils arrivent. Ainsi, par exemple, une » personne qui ignore qu'un cheval rue s'en approche » trop près sans nécessité et lui met la main sur la » croupe, se tenant à portée d'une ruade, c'est une » imprudence, car on doit se défier. Cette imprudence » peut attirer un coup de pied d'un cheval, dans des » circonstances où rien ne saurait être imputé au maî- » tre du cheval. »

Nous pourrions multiplier les exemples, mais ceux que nous venons de citer sont suffisants pour nous faire saisir la règle de l'art. 1385.

Le cas de responsabilité réglé par l'art. 1386 n'est qu'une conséquence du principe contenu dans les art. 1382 et 1383, qui veut que tout fait dommageable engage la responsabilité de son auteur. Si le propriétaire d'une maison qui menace ruine n'y fait pas les réparations nécessaires et compromet ainsi, non-seulement les propriétés de ses voisins, mais encore leur existence, il se rend coupable d'une faute grave, ou tout au moins d'une imprudence inexcusable : d'une faute grave, s'il connaît le mauvais état de sa maison et ne s'empresse pas de la réparer; d'une imprudence inexcusable, s'il ne se livre jamais à ces investigations minutieuses qu'a soin de ne pas négliger un bon père de famille.

Dans les deux cas, si sa maison vient à crouler, il sera responsable du dommage causé par sa chute, et toute preuve qu'il voudrait faire pour se soustraire à cette responsabilité lui sera interdite. Il n'y a qu'une seule exception à la règle de l'art. 1386, c'est celle que renferme l'art. 1792. Si la maison a croulé dans les dix ans de son élévation et par suite d'un vice de construction, le propriétaire a un recours contre les architectes ou entrepreneurs; mais ce temps écoulé, ce recours lui-même lui est enlevé.

Les voisins qui s'aperçoivent du délabrement d'une maison doivent engager le propriétaire à la réparer, afin de dissiper leurs craintes. S'il refuse, ils ont le droit de s'adresser à la police qui le sommera de la réparer ou de la démolir ; s'il refuse également d'obéir à la sommation de la police, il pourra être condamné à l'amende, conformément au n° 5 de l'art. 471 du Code pénal.

Cette sommation, inutile pour rendre le propriétaire d'une maison responsable de sa chute, puisque l'art. 1386 n'en parle pas, pourra dans certains cas guider la décision du juge. Une maison menace ruine, aucune sommation de la réparer ou de la démolir n'a été faite au propriétaire. S'il survient une tempête pendant laquelle elle s'écroule, le propriétaire ne manquera pas de prétendre que la violence de l'ouragan et la force du vent sont les seules causes de ce malheur, que sa maison était en très-bon état, et qu'on n'a aucun reproche à lui adresser. S'il avait déjà reçu une sommation, cette sommation ne prouverait pas infailliblement que l'état déplorable de la maison soit la seule cause de sa ruine, mais du moins elle constaterait, d'une manière certaine, cet état déplorable et fermerait toute issue aux dénégations du propriétaire.

En droit romain, lorsqu'une maison menaçait de s'écrouler, les voisins pouvaient, en vertu de l'édit du préteur, exiger du propriétaire de cette maison qu'il les garantît de les indemniser, le cas échéant, du dommage qu'ils redoutaient. Cette garantie, nommée *cautio damni infecti*, se donnait, tantôt par simple promesse, tantôt par satisdation ; du domaine exclusif du préteur, elle appartenait à la classe des stipulations prétoriennes. Le préteur fixait un délai pendant lequel le propriétaire devait fournir la sûreté qui lui était demandée. Ce délai expiré, sans qu'il se fût mis en mesure de la fournir, celui qui la réclamait était envoyé en possession de l'édifice dont le mauvais état l'inquiétait. Si le propriétaire persistait dans son refus, après un nouveau délai et après l'examen de la cause, le voisin obtenait le droit de posséder. Gardons-nous de confondre l'envoi en possession avec le droit de posséder, car c'étaient deux choses essentiellement distinctes. L'envoi en possession ne consistait que dans l'autorisation donnée au voisin de s'établir dans la maison, mais sans pouvoir en expulser le propriétaire. Le droit de posséder lui en conférait, au contraire, la faculté et lui faisait acquérir la propriété de la maison par l'usucapion pendant le temps voulu. Cette stipulation est inconnue dans notre droit. Tous ceux qui redoutent la chute d'une maison ne peuvent s'adresser aujourd'hui qu'à l'autorité municipale, qui oblige le propriétaire à la réparer ou à la démolir. Si la maison s'écroule, le propriétaire ne peut dans notre droit, comme en droit romain, réparer le dommage causé par sa chute, en abandonnant les matériaux à tous ceux qui en ont éprouvé quelque préjudice. L'art. 1386 ne lui laisse pas cette faculté.

L'art. 407 du Code de commerce nous fournit encore un exemple de la responsabilité que peuvent nous faire encourir les objets inanimés qui nous appartiennent ou qui sont confiés à notre garde.

L'abordage, dont cet article nous indique les espè-

6

ces et les règles qui régissent chacune d'elles, est le
choc de deux navires.

L'abordage est tantôt le résultat d'une force majeure, comme lorsque deux navires sont jetés l'un
contre l'autre par la violence des vents et des flots;
tantôt l'abordage ne provient pas d'une force majeure,
mais il est impossible de déterminer le navire qui l'a
causé, la faute qui a été commise; tantôt enfin l'auteur
en est connu.

Dans le premier cas, chaque navire doit supporter
séparément les avaries qu'il a éprouvées; dans le
second, où l'on ignore quel est celui des deux navires
qui a occasionné l'abordage, on additionnera, comme
le veut l'art. 407, les pertes essuyées par les deux
navires, et chacun en supportera une part égale; dans
le troisième, elles seront à la charge exclusive du
capitaine qui aura été la cause unique de cette funeste
rencontre.

En règle générale, l'abordage est toujours présumé
le résultat d'une force majeure. C'est à celui des capi-
taines dont le navire a souffert à prouver que non-
seulement l'abordage a une autre cause, mais qu'il
est la conséquence de la faute ou de la négligence de
l'autre capitaine, afin de le forcer à supporter seul la
totalité du dommage.

Lorsqu'il est prouvé que l'abordage ne provient pas
d'une force majeure, mais que cependant il y a des
doutes sur les causes qui l'ont amené, certaines circonstances sont propres à les dissiper. Ainsi, lorsque
deux navires se présentent dans le même port, le plus

éloigné doit attendre que le plus proche soit entré;
s'ils s'abordent, le dommage est imputé au dernier
venu, tant qu'il ne prouve pas qu'il n'y a aucune
faute de sa part; en cas de concours de deux navires,
le plus petit doit céder au plus gros; le navire qui
sort du port doit faire place à celui qui entre, etc., etc.

Ici s'arrête notre tâche; elle résume l'une des grandes
faces de notre responsabilité, qui trouve sa première
sanction devant les hommes; sa dernière sanction
devant Dieu.

PROPOSITIONS.

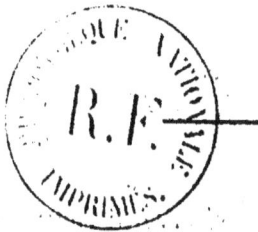

DROIT ROMAIN.

1. La loi des XII tables a été une œuvre de transaction entre la législation patricienne et la législation plébéienne.

2. L'accession est une manière d'acquérir la propriété.

3. Dans le legs *sinendi modo*, lorsque la même chose a été léguée disjointement à deux personnes, l'héritier, après avoir souffert la prise de possession de la chose léguée par l'une d'elles, ne peut plus être poursuivi par l'autre.

4. Le mandataire qui a, dans l'achat d'un objet, dépassé le prix qui lui avait été fixé, peut, en consentant à perdre l'excédant du prix, forcer le mandant à recevoir l'objet.

DROIT CIVIL.

1. Pour avoir droit à la réserve, il faut être héritier. Le successible qui a renoncé à la succession ou qui a été déclaré indigne n'y a aucun droit.

2. Les héritiers du donateur peuvent opposer au donataire le défaut de transcription.

3. La séparation des patrimoines n'est pas un privilége.

DROIT CRIMINEL.

1. Le complice de l'auteur d'un crime n'est pas soumis à l'aggravation de peine qu'encourt l'auteur du

crime pour une qualité qui est personnelle à cet auteur.

2. Lorsqu'après avoir été condamné par contumace à une peine afflictive ou infamante, l'accusé n'est ensuite déclaré coupable contradictoirement que d'un délit emportant une simple peine correctionnelle, la prescription de cette peine lui est acquise, s'il s'est écoulé cinq ans depuis sa condamnation par contumace jusqu'à son arrestation. A cet égard, la déclaration du jury a un effet rétroactif au jour où la condamnation par contumace a été prononcée.

DROIT ADMINISTRATIF.

1. Dans l'estimation de l'indemnité à laquelle a droit tout propriétaire exproprié pour cause d'utilité publique, il y a une base *positive* qui ne peut jamais être écartée, c'est la valeur de la propriété même au moment de l'entreprise ; il y a une base *éventuelle* qui tient au prix de convenance, au dommage résultant de la moins-value. Celle-ci peut être écartée par la compensation de la plus-value immédiate et spéciale du restant de la

propriété; mais le jury ne pourrait se fonder sur une *plus-value* actuelle ou éventuelle pour refuser l'indemnité due à raison de la propriété elle-même.

2. Les tribunaux ne peuvent s'immiscer dans l'appréciation, au fond, des arrêtés de conflit légalement formés.

Approuvé :

Le Doyen de la Faculté de Droit,

LAURENS.

Vu :

Le Recteur,

AD. MOURIER.